U0637287

2013 年国家社会科学基金项目（13XZZ016）

公共服务
协同供给的制度
创新研究

谢来位 ◎ 著

本书主要研究公共服务协同供给制度创新的学理根据，

公共服务协同供给面临的制度障碍，

公共服务协同供给的制度创新思路……

中国社会科学出版社

图书在版编目(CIP)数据

公共服务协同供给的制度创新研究／谢来位著. —北京：中国社会
科学出版社，2019.6
ISBN 978-7-5203-4369-5

Ⅰ.①公… Ⅱ.①谢… Ⅲ.①公共服务-研究-中国 Ⅳ.①D669.3

中国版本图书馆 CIP 数据核字(2019)第 081940 号

出 版 人	赵剑英	
责任编辑	刁佳慧	
责任校对	沈丁晨	
责任印制	郝美娜	

出　　版	中国社会科学出版社	
社　　址	北京鼓楼西大街甲 158 号	
邮　　编	100720	
网　　址	http：//www.csspw.cn	
发 行 部	010-84083685	
门 市 部	010-84029450	
经　　销	新华书店及其他书店	

印刷装订	北京君升印刷有限公司	
版　　次	2019 年 6 月第 1 版	
印　　次	2019 年 6 月第 1 次印刷	

开　　本	710×1000　1/16	
印　　张	12.75	
插　　页	2	
字　　数	210 千字	
定　　价	85.00 元	

凡购买中国社会科学出版社图书，如有质量问题请与本社营销中心联系调换
电话：010-84083683
版权所有　侵权必究

内 容 提 要

公共服务协同供给是新型城镇化的现实要求、提高公共服务效率的客观要求、培养公民主体性的必然要求。党的十八届五中全会指出要"增加公共服务供给",要"创新公共服务提供方式,能由政府购买服务提供的,政府不再直接承办;能由政府和社会资本合作提供的,广泛吸引社会资本参与",进一步明确了"十三五"期间国家基本公共服务体系建设的总体思路和工作重点。在 2015 年 11 月 10 日召开的中央财经领导小组第十一次会议上,习近平总书记强调,在适度扩大总需求的同时,着力加强供给侧结构性改革,着力提高供给体系质量和效率。现实中因城乡间、区域间、政府部门间、各相关主体间在公共服务中的协同供给不足,导致公共服务资金严重短缺而政府部门服务资金大量剩余、服务难到位、资金使用效益不高等现象较为普遍。公共服务面临城乡统筹、城市化、"人户分离"等严峻现实,制度创新要实现"以户籍为中心"向"以人为中心"的转变;面临"供需矛盾"的突出问题,制度创新要实现"以供给为中心"向"以需求为中心"的转变;面临"动力不足"的痼疾,制度创新要实现以"行政责任约束"为主的"单动力机制"向以"行政责任约束和财产权利激励"为主的"双动力机制"的转变。

公共服务协同供给制度创新有其理论根据。一是公共服务的公平性、公共性、政治性等社会特性决定了政府在公共服务供给中不可推卸的当然义务和首要责任。二是公共服务的组织形式。不同类别公共服务的消费特性决定了消费者的支付意愿和生产者的提供意愿。根据基础教育、医疗卫生、住房保障、社会保障、公共安全、公共交通、劳动就业、公共文化、公共设施等各类公共服务的排他性、非竞争性、交易的确定性程度、交易频率、资产的专用性程度、双方信息的完备程度、人的理性消费能力、监督能力等因素,深入分析各类公共服务与科层组织形式、网络组织形式和市场组织形式的适宜程度。公共服务的多元组织形式,尤其是网络组织形式，必然要求公共服务投资主体、管理主体多元化，在投资者、生产者、经营管理者和公共服务消费主体之间建立起清晰、规范的公共服务产权关系，从而健全公共服务投资、生产、管理、消费各环节的激励与约束机制。三是公共服务的投资管理模式。根据公共服务投资主体、公共服务生产主体、直接管理主体和公共服务的消费主体及其消费方式之间的不同关系组合，将公共服务投资管理分为"行政模式""半行政模式""政府购买模式""PPP 模式""社会模式""市场模式"等六种基本模式，这六种模式与科层组织、网络组织和市场组织形式的不同组合将形成公共服务体制改革的基本路径。其中"行政模式""半行政模式"等主流模式是典型的公共财政供给侧投入，激励效力不足；"市场模式"难以满足公共服务政治性、公共性、公平性等基本要求，在逐步消失。公共服务协同供给制度创新的本质要求是凸显政府的主体责任、消费者的选择权、生产者的竞争性，充分激发供需各方的协同动力。

公共服务协同供给面临着制度障碍。一是区域城乡公共服务协同供给主要面临公共服务保障制度碎片化阻碍区域城乡协同供给、多数省级区划过大行政层级过多阻碍公共服务全国统筹进度、政府职能设置重同构轻异构加剧各自为政增加统筹难度等制度障碍。二是公共服务主体协同供给亟须从身份特权向契约平等转变、亟须完善公共服务主体平衡博弈责权利保障制度、亟须建立公共服务资源整合利用行政责任约束和产权激励"双动力机制"、亟须推进公共服务标准化制度化减少资源共享障碍、亟须构建公共服务市场多元化立体监管体系。三是公共服务方式协同面临公共服务供给侧财政投入方式缺乏竞争激励效力、需求主体缺乏选择权制约公共服务供给竞争、政府购买服务亟须加速政府职能转移推进政事分开、高度集权的管理体制阻碍公共服务协同供给等制度障碍。

公共服务协同供给的制度创新思路如下。一是通过公共服务组织结构网络化、公共服务组织过程法治化、公共服务供给方式多元化构建公共服务多元协同供给模式。二是通过创新公共服务财政投入方式、建立公共服务财政投入标准及动态调整机制、健全公共财政转移支付制度等建立"钱随人走"的公共财政制度。三是通过健全公共服务主体身份平等制度、公共服务资格认证管理制度、公共服务合同及合同监管制度等健全公共服务供给准入制度。四是进一步完善全国公民身份信息系统服务功能，建立全国统一的个人收入、财产和消费信息共享系统，分层级分地区建立专门的公共服务项目招投标信息系统，分行业建立全国统一的公共服务资金转移结算信息系统，建立公共服务项目绩效评价、监督、诚信信息系统等，从而健全公共服务信息资源共享制度。五是亟须优化行政区划设置、减少统筹发展障碍。

目 录

图表目录

引　言

着力加强供给侧结构性改革，着力提高供给体系质量和效率，是"十三五"时期的一个发展战略重点。现实中城乡间、区域间、政府部门间、各相关主体间在公共服务中的协同供给不足，导致公共服务资金严重短缺而政府部门服务资金大量剩余、服务难到位、资金使用效益不高等现象较为普遍。利益是各部门、各地区、各主体提供公共服务的动力。因缺乏科学有效的利益协调和激励机制，部门合作、区域合作、主体合作动力不足，各自为政、争权夺利、互相推诿必然导致公共服务资源浪费、效率和公平缺失、质量和满意度低下，亟须体制机制创新激发公共服务协同供给动力以实现整体效应最大化。公共服务面临城乡统筹、城市化、"人户分离"等严峻现实，制度创新要实现"以户籍为中心"向"以人为中心"的转变；面临"供需矛盾"的突出问题，制度创新要实现"以供给为中心"向"以需求为中心"的转变；面临"动力不足"的痼疾，制度创新要实现以"行政责任约束"为主的"单动力机制"向以"行政责任约束和财产权利激励"为主的"双动力机制"的转变。公共服务的社会特性决定了政府的公共服务责任，物品特性和交易因素差异决定不同种类公共服务供给方式的差异。

根据公共服务的社会特性、物品特性和交易因素，公共服务可分别或综合采用科层组织、市场组织、网络组织形式及多种投资管理模式。以政府主导的投入机制为核心的合理产权结构是公共服务高效运行的制度基础，各主体的成本收益能产生深层的激励动机，以弥补以"行政责任约束"为主的"单动力机制"的不足。在公共服务供给严重不足的情况下，公共财政的供给侧投入可以快速增加公共服务的生产供给。但当前我国公共服务供求格局已基本改变，公共服务供需基本平衡，甚至出现部分公共服务项目供大于求的局面。供给侧结构性改革发展方向的提出，必然要求公共服务财政投入重心从供给侧向需求侧转移，通过加大公共服务需求侧投入，增大公共服务对象自主选择权，从而加大供给侧竞争合作压力，不断提高公共服务生产供给的针对性、效率、质量和公共服务对象的满意度。

第一章　公共服务研究现状述评

《中共中央关于制定国民经济和社会发展第十三个五年规划的建议》指出，"实现'十三五'时期发展目标，破解发展难题，厚植发展优势，必须牢固树立创新、协调、绿色、开放、共享的发展理念"①，而"创新是引领发展的第一动力"②。当前我国正处于全面深化改革的关键时期，人们对公共服务的需求变得更加多元化，公共服务的供给也呈现出越来越复杂的格局，亟须探索出一套更加科学有效的公共服务供给制度和机制来推动我国公共服务领域的改革和发展，以更好地满足人们复杂而多样的公共需求，顺应时代的发展潮流。因此，对于我国公共服务供给制度和机制的创新研究具有十分重要的理论价值和实践意义。在此背景下，公共服务协同供给的提出既顺应了理论发展趋势的要求，也是对现实公共服务供给碎片化、分散化、低效化等问题的回应，公共服务协同供给是将公共服务供给机制与协同治理理论进行融合所产生的必然性结果。国内外已有的相关研究为本项目研究公共服务协同供给的制度创新提供了可资借鉴的丰富资料，本项目通过梳理和总结国内外各种理论的研究成果和实践经验，结合我国公共服务供给机制现实情况，运用哈肯协同论的基本思想和方法研究公共服务协同供给的机理和整体效应，以新制度经济学为分析工具对公共服务协同供给的理论根据、制度障碍和制度创新路径展开研究。

第一节　国外公共服务研究现状

西方国家对公共服务的相关理论研究起源较早。20 世纪 80 年代以

---

① 《中共中央关于制定国民经济和社会发展第十三个五年规划的建议》，人民出版社 2015 年版，第 8 页。

② 同上。

来，面对公民需求持续增长和严重财政危机等问题带来的巨大挑战，西方国家相继进行了以新公共管理理论、新公共服务理论、治理理论为指导思想的公共行政改革运动，开始尝试重新定位政府角色，探索更具效率和弹性的公共服务多元化供给机制。西方学者纷纷从不同的理论视角出发，对公共服务的内涵、供给主体和供给方式的选择等问题进行了深入研究，促进了公共服务相关理论研究的发展与繁荣。综合而言国外有关公共服务的代表性观点有如下几种。

一　强调公共服务是政府的专属职能

传统政治理论认为政府是公共权力的代表，政府有维护社会公共利益的权力和责任。因此在很长的一段时期内，政府都在垄断或者支配公共服务。

17世纪中期，英国政治思想家霍布斯在他的著作《利维坦》中首提社会契约论，指出国家根据契约关系应当向公民提供社会公共产品，这被学者们当作为公共服务理论的起源；[①] 接着休谟在《人性论》中探讨了"公地悲剧"现象，认为人们对某些共同消费的产品有着"搭便车"的心理，而这种心理只能通过集体行动或由政府参与才能有效克服；[②] 亚当·斯密最先把政府的公共支出与市场失灵联系起来，并在《国富论》一书中强调国防、公共基础设施工程等公共服务是政府的专属职能，市场机制在公共服务供给方面存在缺陷；[③] 约翰·穆勒进一步扩大了公共服务理论的研究范围，指出政府应该提供相关的法律体系和制度来保障人们生命和财产安全，这是自由主义经济正常运行的基本前提；[④] 19世纪后期，德国经济学家阿道夫·瓦格纳极力主张"社会国家"，提出公共服务的概念；[⑤] 1912年，法国法学家莱昂·狄骥明确提出"公共服务"概念，他指出必须由政府来加以规范和控制的活动，就是公共服务，政府负有组

① ［英］霍布斯：《利维坦》，黎思复等译，商务印书馆1985年版，第69页。
② ［英］休谟：《人性论》（下），关文运译，商务印书馆1980年版，第578—579页。
③ ［英］亚当·斯密：《国民财富的性质和原因的研究》，郭大力、王亚南译，商务印书馆2008年版，第579—606页。
④ ［英］约翰·穆勒：《政治经济学原理》（下卷），胡正林、朱泱译，商务印书馆1991年版，第570页。
⑤ 毛程连主编：《西方财政思想史》，经济科学出版社2003年版，第123页。

织、保障和支配公共服务进行的义务；① 1929 年资本主义世界爆发经济大危机，凯恩斯在此背景下创作了具有划时代意义的《就业、利息和货币通论》，他在书中强调国家从宏观上对经济进行干预的必要性和正当性，鼓励政府增加公共支出、降低利率来刺激投资和消费，以达到有效需求与充分就业水平相适应的目的，改变了传统西方经济理论对于政府职能的看法；② 1954 年，美国经济学家萨缪尔森在《公共支出的纯理论》一文中首次明确定义了"公共产品"，即使用和消费上不具有排他性的物品，他认为通过由政府提供公共产品的方式来干预经济，具有提高市场效率、稳定经济运行和实现社会平等的重要作用。③

可以看出，这一时期公共服务理论尚处于早期阶段，一般都是伴随着对政府及其职能理论的研究而产生的，有关公共服务的范围、内涵还需要进一步明确和拓展。近代尤其是 19 世纪后半叶以来，有关公共服务理论的研究逐渐深入，形成了较为独立完整的研究体系，公共服务逐步被视为政府重要的职能予以明确，并被认为是政府的专属职能，但政府在部分公共服务供给中具有诸多缺陷是不争的事实。随着时代的变迁，日益完善的市场机制和多元主体共同参与的多元化供给机制开始逐步取代政府垄断供给的地位。

二 将私人经济的交换原则用于公共服务

20 世纪后半期，由于政府失灵现象的存在，建立在科层制理论基础上的传统公共行政模式因出现财政危机、福利与税收之间的政策摇摆、效率低下等问题越来越不适应经济社会发展需求，公共服务理论开始进入了理论反思期，亟须探索一种新的理论范式来解决现实中的困境和管理理论的僵化问题。随着新自由主义的不断扩张，新公共管理理论总结了当代西方行政改革实践经验，借鉴了市场和经济学研究方法来改造传统公共行政的主流理念和价值，主张将私人经济的交换原则用于公共服务中来，建立

① [法] 莱昂·狄骥：《公法的变迁：法律与国家》，郑戈、冷静译，辽海出版社、春风文艺出版社 1999 年版，第 53 页。
② [英] 约翰·梅纳德·凯恩斯：《就业、利息和货币通论》，陆梦龙译，商务印书馆 1999 年版，第 4 页。
③ [美] 保罗·A. 萨缪尔森、威廉·D. 诺德豪斯：《经济学》（上），高鸿业等译，中国发展出版社 1992 年版，第 79 页。

了一套全新而完整的理论架构。英国学者克里斯托弗·胡德被誉为新公共管理理论先驱，他在其著作《国家的艺术：文化、修辞与公共管理》中把公共管理称为"国家的艺术"，他对新公共管理特征的归纳，就包括把竞争机制引入公共部门，通过加强吸收、借鉴私营部门管理的特征和方法，来提高政府部门提供公共服务的质量；① 英国经济学家简·莱恩在《新公共管理》中对新公共管理的理论起源、主要机制、特征和发展趋势进行了全面分析，着重探讨了契约主义精神即合同制在政府公共部门的运用；② 1956 年，美国经济学家查尔斯·蒂布特教授以亚当·斯密的《国富论》中的市场机制思想为指导设计了一个地方公共产品供给模型，他认为各个地方政府提供公共产品方面之间的相互"竞争"，居民可以"以足投票"选择居住地的方式表达了对地方公共产品的偏好，这种类似于在市场上的选择行为，可以实现政府提供公共产品达到效益最大化；③ 1959 年，马斯格雷夫在其经典著作《财政学原理：公共经济学研究》中对政府怎样配置资源和满足各种社会需求进行了深刻分析，并认为对服务的分配是政府重要的经济作用之一，他还首次引入公共经济概念来研究政府与私人部门之间的经济关系，通过政府和市场在各自的作用领域上发挥调节作用，从而实现资源最优配置；④ 詹姆斯·布坎南提出的公共选择理论具有开创性意义，这种不同于凯恩斯主义的新公共经济理论，将经济学中的理性人假设引入政治学分析之中，从而使政治决策分析与经济学理论结合起来，并认为政府的工作人员在决定和支配集体行动时与市场中的经济人一样也是理性、自私的，"政府失灵"难以避免，因此政府行为的范围需要宪法加以限制，不能超出提供法律保护、维持公平市场秩序的限度。⑤ 不难看出，公共选择理论主张限制政府作用、充分发挥市场的调节作用。此外，戴维·奥斯本和特德·盖布勒的《改革政府——企业精神如何改

---

① 参见［英］克里斯托弗·胡德《国家的艺术：文化、修辞与公共管理》，彭勃等译，上海人民出版社 2004 年版。

② ［英］简·莱恩：《新公共管理》，赵成根等译，中国青年出版社 2004 年版，第 74 页。

③ Charles M. Tiebout，"A Pure Theory of Local Expenditures"，*Journal of Political Economy*，Vol. 64，No. 5，Dctober 1956.

④ Musgrave，*The Theory of Public Finance*，New York：McGraw-Hill，1959.

⑤ James M. Buchanan，"An Economic Theory of Clubs"，*Economics*，Vol. 32，No. 125，February 1965.

革着公营部门》认为政府的主要职能在于掌舵而不是划桨，并试图把私人企业管理的一些成功方法移植到政府中来，即用企业家精神改革政府来提高行政效率；① 同样 E. S. 萨瓦斯在《民营化与公私部门的伙伴关系》中指出民营化"可界定为更多依靠民间机构，更少依赖政府来满足公众的需求"②，并从背景、理论与实践三个方面论证了民营化是改善政府的有效途径。民营化思路的提出对政府市场化改革无疑具有里程碑的意义。

早期的微观经济学用效用价值论和边际分析将私人经济的交换原则应用于分析公共服务的供给，肯定了市场与社会力量在显示个人需求方面的有效性，把市场机制引入到部分公共服务的供给当中，这对提高公共服务效率和质量极具价值。私人经济的交换原则用于公共服务的做法，开创了公共服务供给的新模式，但试图在公共服务供给领域完全贯彻私人经济的效率原则是不切实际的，因为市场本身存在失灵现象，市场在提供多样化的公共服务方面的欠缺无法满足公众不同需求，所以过分依靠市场机制的作用无法解决全部的问题。因此，公共服务的市场供给机制也开始逐渐被超越。

三 将合作治理理念引入公共服务

随着 20 世纪 90 年代初期以来的治理思潮的兴起，合作治理的理念应运而生。合作治理理念认为政府不是国家唯一的权力中心，应该发挥政府、社会组织与公民等不同主体在公共服务领域中各自的优势作用，并实现相互合作，优势互补，从而形成共同治理的互动关系。因此，各种社会的、私人的机构只要得到公众认可，都可能成为不同层面的社会权力的中心，这样由一元主体逐步转向多元主体治理模式，形成政府、市场、社会协同的伙伴关系。这也为"多中心治理"提供了重要思想渊源，对公共服务协同供给极具启发意义。

---

① ［美］戴维·奥斯本、特德·盖布勒：《改革政府：企业精神如何改革着公营部门》，上海市政协编译组、东方编译所编译，上海译文出版社 1996 年版，第 205 页。

② ［美］E. S. 萨瓦斯：《民营化与公私部门的伙伴关系》，周志忍等译，中国人民大学出版社 2002 年版，第 5 页。

英国思想家迈克尔·博兰尼在《自由的逻辑》一书中最先提出"多中心"的概念，他认为"多中心之间通过相互协商、配合而自发达成一致"① 的自由才是真正意义上的自由。美国行政学家埃莉诺·奥斯特罗姆在研究大量实证案例的基础上，创造性地提出了政府集权化和市场私有化之外解决一些公共问题的第三种理论模式，即"多中心"治理模式。她认为社会管理当中由集权制走向国有化和由分权制走向私有化的两种单中心制度安排都具有无法克服的缺陷，因而为了解决两难选择格局提出多中心治理理论。② 多中心治理是由政府、市场、社区和公民形成一个由多个权力中心组成的治理网络，多个中心的关系既相互独立，能自由追求自己的利益，又相互协调合作，形成自主治理。多中心治理理论冲破了单一的全能型政府和纯粹市场私有化的认识误区，能够综合发挥两个主体及两种手段的优势，既可以充分利用政府在公共服务供给中保障公共性、公平性方面的优势，又能够利用市场在服务供给方面回应性强、效率高的特点，并在市场与政府之外发掘社会民众自身力量，这为我国公共服务协同供给提供了一定的理论借鉴和启示。

多中心理论应用到公共服务中形成的多中心供给机制实际是一种混合型机制，公共服务的多中心供给机制构建起由政府、市场和第三部门多维框架下的多中心供给模式，一方面能够充分发挥政府、市场和社会的整体效应，另一方面又能发挥单个主体的各自独特优势，有利于实现公共服务供给效益最优，从而形成多中心"共赢"的局面。但多中心理论根植于西方社会的土壤之中，要求具备相应的制度条件和文化传统。而目前我国许多的制度都具有单中心特色，在公共服务供给领域尚不完全具备多中心治理的条件，因此亟须我们开展适合多中心理论运用的本土化研究，为多中心理论的发育与完善提供适宜场域，从而使多中心理论原则与我国现实条件相契合，为我国公共领域的问题尤其是公共服务的多中心供给提供理论诠释力与现实指导力。

---

① ［英］迈克尔·博兰尼：《自由的逻辑》，冯银江等译，吉林人民出版社2002年版，第142页。

② 参见［美］埃莉诺·奥斯特罗姆《公共事物的治理之道：集体行动制度的演进》，余逊达、陈旭东译，上海三联书店2000年版。

四 新公共服务理论坚持以公民为导向

新公共管理理论主张政府的有限理性和政府官员的"经济人"假设，提倡将企业经营管理的手段和方法引入到公共部门和公共服务之中，促使政府职能转变，改变了政府与社会、个人的关系，是对传统官僚制模式的替代与革新。但是新公共管理理论没有注意到公共部门与私营部门具有根本性的差别，过分强调政府市场化和顾客导向的作用会导致忽略公民权利和公共利益，不利于现代社会和公民意识的成长。

新公共管理运动为政府改革注入了新的血液，在西方各国得以广泛流行。但紧接着遭到了以美国登哈特教授夫妇为代表的许多学者和实践家的质疑与担忧，他们在对新公共管理理论进行批判和反思的基础上，构建了一套系统而完善的新公共服务理论体系。登哈特教授夫妇的经典著作《新公共服务：服务，而不是掌舵》详细阐述了适合现代社会发展的新公共服务理论，是对新公共管理理论的超越与创新，它倡导"以公民为中心的政府"以及政府的主要责任在于"服务而非掌舵"，高度重视政府责任和公共利益，对于公共服务实践的指导具有重要意义。① 总之，新公共服务理论是对新公共管理理论的补充完善，新公共服务理论强调政府在行政过程中不应该是控制、激励，而是"服务"，避免公共服务供给机制被市场化机制过度取代，从而导致公共服务"公益性"的丧失。新公共服务理论发展到了改革政府职能的新阶段，进一步推动了公共管理理论的发展。但必须得指出的是，目前新公共服务理论在具体实践应用中还面临着不少困难。

回顾和梳理西方公共服务理论的主要观点，可以看出各种供给方式的优势和不足。从传统意义上的政府垄断公共服务供给模式，到新公共管理运动针对政府失灵现象主张以市场化、私营化的方式改造政府的公共服务供给模式，再到新公共服务理论更多只是停留在理想层面的倡导，在一定程度上表明了公共服务理论及其政策在政府和市场两主体之间的摇摆，而合作治理和多中心治理理论则抛弃了原有的政府单一主体供给模式从而对多中心协同供给模式进行探索。究其本质，以上各种观点和理论流派的变

---

① ［美］珍妮特·V. 登哈特、罗伯特·B. 登哈特：《新公共服务：服务，而不是掌舵》，丁煌译，中国人民大学出版社 2010 年版，第 6—10 页。

化与发展的目的都可以归结于实现公共服务供给效益最大化。但必须注意的是，有些研究过于强调理论与实践的普适性而忽略了各国实际情况和发展阶段，因而在具体实践中要加以慎重辨别。

总之，国外相关研究成果对我国公共服务供给理论与实践发展具有重要的借鉴意义，尤其是罗纳德·科斯的交易费用理论、产权理论以及威廉姆森的中间组织理论等新制度经济学思想对于深入研究我国公共服务协同供给的制度创新及激励机制建构具有很强的启发和借鉴意义。

第二节　国内公共服务研究现状

随着西方国家新公共管理和新公共服务理论在世界范围内蓬勃兴起，国内学者从 20 世纪 90 年代开始加强对公共服务理论与实践的研究。学者们通过翻译与评述国外有关公共服务的理论著作，吸收和借鉴西方国家公共服务理论和实践上的经验教训，立足于我国国情，紧紧围绕中央相关政策精神，对我国公共服务供给现状加强调查研究，以探索符合我国实际的公共服务供给方式。经过学者们的不懈努力，研究成果日趋丰富。具体来说，国内学者关于公共服务实践和理论的研究主要集中在以下四方面。

一　重点围绕公共服务均等化展开研究

逐步实现基本公共服务均等化是维护社会和谐与保障公平正义的重要制度安排，也是建设服务型政府、优化我国公共服务供给的重要目标导向。近年来，国内学者围绕这一议题的研究不断深入发展，涌现了大量的研究成果，主要集中在我国基本公共服务均等化的基础性研究、基本公共服务非均等化现状、原因分析以及实现基本公共服务均等化的制度路径等方面。基本公共服务均等化研究由理论阶段走向政策实践，仍需要注意加强理论研究与现实实践的有效结合，从而实现公共服务的有效供给。现阶段我国正处于转型时期，还存在政府职能不完善、市场机制不健全、公共服务能力不足等问题，进而导致出现政府基本公共服务严重不均衡的现状。肖文涛指出当前我国推进基本公共服务均等化是"共享改革发展成果的必由之路，也是实现社会基本平等和解决民生问题的现实需要"。由于受历史和现实条件的限制，我国基本公共服务均等化同时面临着"政府基本公共服务供给不均和公众对基本公共服务享受不均以及各种基本公共服务质量不均等一系列问题的挑战"①。针对基本公共服务严重不平衡现状，楼继伟认为公共服务均等化是践行以人为本理念的具体体现，是公民的一项基本权利，"一个国家的公民无论居住在哪个地区，都有平等享受国家最低标准的基本公共服务的权利"②。唐钧指出基本公共服务均等化是作为公民基本物质需求的最低标准，要求"政府应该尽可能地满足全国人民在公共服务领域的基本物质需求"③。迟福林认为公共服务非均等化是社会公正的焦点之一，"如果不讲社会主义，如果忽视共同富裕的方向，那建立起来的市场经济必然是权贵市场经济、两极分化的市场经济"④，关乎社会主义结果公平问题，关键在于政府转变为以公共服务型为主。刘尚希把均等化的过程看作发展与改革的过程，保障人人都享有基本公共服务的均等机会。⑤ 常修泽进一步说明"基本公共服务均等化的内涵应包括全体公民享有的基本公共服务的机会和原则应该均等以及结果应该大体相等"⑥，即他们都把机会均等视为基本公共服务均等化的应有之义。另外还有贾康等从公共财政公平的视角对基本公共服务均等化的内涵及测度进行了阐释。⑦ 项继权从基本公共服务均等化的发展战略入手，指出当前我国基本公共服务面临着服务对象的"广覆盖"、服务体制的"一体化"及服务水准的"均等化"三大任务，应该实施"同步推进、分步实现"的基本公共服务均等化发展战略，侧重于"建立多层次、低水平、广覆盖的基本公共服务体制"，以实现覆盖全民的公共服务体系的目标。⑧丁元竹同样从建立覆盖面广的公共服务体系出发，提出要"确立不分城乡、不分地区地使居民能够享受基本公共服务的基本原则和基本框架，确

① 肖文涛、唐国清：《基本公共服务均等化：共享改革发展成果的关键》，《科学社会主义》2008 年第 5 期。

② 楼继伟：《完善转移支付制度 推进基本公共服务均等化》，《中国财政》2006 年第 3 期。

③ 唐钧：《"公共服务均等化"保障 6 种基本权利》，《时事报告》2006 年第 6 期。

④ 迟福林：《公共服务均等化：构建新型中央地方关系》，《廉政瞭望》2006 年第 12 期。

⑤ 刘尚希：《实现基本公共服务均等化的政策路径和方案选择》，《经济研究参考》2007 年第 60 期。

⑥ 常修泽：《中国现阶段基本公共服务均等化研究》，《中共天津市委党校学报》2007 年第 2 期。

⑦ 贾康：《关于建立公共财政框架的探讨》，《国家行政学院学报》2005 年第 3 期。

⑧ 项继权：《我国基本公共服务均等化的战略选择》，《社会主义研究》2009 年第 1 期。

保人人拥有基本公共服务均等化的权利和机会"①。

上述研究成果从多元视角出发，在理论和实践上推动了对我国基本公共服务广覆盖的研究。但限于所处发展阶段，大都是有关制度性方面的研究，实证性分析相对不足；对服务供给主体研究以政府为主，对其他服务供给主体的关注不够；对服务供给方式的研究着眼于粗放式的普及，忽略了对服务效率、质量和满意度等方面的考量。

二　强调政府责任和财政投入

在我国，政府主要承担经济调节、市场监管、社会管理、公共服务、环境保护等五项职能。政府具有向公民和社会提供优质高效的公共服务的责任。如哈贝马斯所说，"国家是'公共权力机关'，它之所以具有公共性，是因为它担负着为全体公民谋幸福这样一种使命"②。因此，政府提升公共服务能力和水平、为公民提供优质高效的公共服务、履行政府公共责任是政府合法性存在的重要前提，也是当下加快建设服务型政府的核心要义。

对此有学者认为政府应当承担主要责任，加大财政投入，完善对公共服务的体制保障。安体富针对当前我国公共服务基层财政的财力与事权不相匹配的体制性问题，提出"加快由生产建设型财政向公共服务型财政转变，加大对公共服务领域的投入""完善财政体制，规范转移支付制度"等建议。③ 王玮指出我国的基本国情决定了我国公共服务均等化实现方式的多元化，一方面需要完善政府间财政转移支付制度发挥调节性作用，另一方面改革公共服务供给和成本分担机制等基础性制度规范，有机结合"财政支出结构调整、加强对公共服务市场化的监管以及促进区域社会经济协调发展"等措施，才能顺利实现公共服务的均等化。④ 姜晓萍从纵向的历史角度总结分析了改革开放以来中国公共服务发展的成就、问题及其深层次的体制、机制障碍，进而提出了"构建政府公共服务职责

　① 丁元竹：《准确理解和把握基本公共服务均等化》，《理论参考》2011 年第 1 期。
　② 参见［德］哈贝马斯《公共领域的结构转型》，曹卫东等译，学林出版社 1999 年版。
　③ 安体富：《完善公共财政政策制度　逐步实现公共服务均等化》，《财经问题研究》2007年第 7 期。
　④ 王玮：《我国公共服务均等化的路径选择》，《财贸研究》2009 年第 1 期。

体系，深化公共服务体制改革；加快公共财政体制改革，推进基本公共服务均等化；完善城乡公共服务体系，提升公共服务绩效；创新公共服务供给方式，构建多元主体协同治理格局"等四方面的对策建议。① 面对基本公共服务均等化过程中遇到的一系列难题，郭小聪提出"需要通过管理的、立法的以及其他相关制度层面的变革来化解这些难题，复合运用各种基本公共服务均等化策略"②，最终构建起公共服务的体制保障。可以说，这些研究问题意识强，政策指向性明确，研究重点较为突出，强调政府责任，为我国公共服务体系的构建、进一步深化公共服务体制改革提出了宝贵的建议，尤其是有力地促进了农村公共服务投入的增加，但对防止政府包揽、高投入的粗放式发展倾向导致公共服务资源总量无限扩大而使用效益不高的困境重视不够。

三　在公共服务供给中引入市场和社会机制

受经济全球化和新公共管理运动发展的影响，随着我国进入全面深化改革、加快推进社会主义现代化建设的新阶段，打破政府垄断，推进公共服务社会化市场化，降低成本，提高效率，已经成为必然趋势。推行公共服务的市场化和社会化，就是通过有效的制度安排，引进市场竞争机制和社会志愿机制。学者们主张公共服务市场化和社会化的供给思路本质在于倡导社会分权与资源整合，为公众提供更多的选择机会，充分挖掘并有效利用各种社会资源。具有代表性的观点如下。

毛寿龙从公共服务的民营化改革思路出发，认为"公共服务的民营化改革能否顺利推进不仅关系到每一个国家的经济发展、社会问题，而且关系社会工作的民生问题"③，通过集中研究并总结公共服务民主化改革的经验，提出有关公共服务民营化改革政策建议，以期"发掘出对推进我国公共服务改革具有借鉴意义的政策启示"④。周志忍在系统把握市场

---

① 姜晓萍：《中国公共服务体制改革 30 年》，《中国行政管理》2008 年第 12 期。

② 郭小聪、刘述良：《中国基本公共服务均等化：困境与出路》，《中山大学学报》（社会科学版）2010 年第 5 期。

③ 毛寿龙、陈建国：《经济合作与发展组织国家公共服务民营化研究（下）》，《兰州大学学报》（社会科学版）2009 年第 6 期。

④ 毛寿龙、陈建国：《经济合作与发展组织国家公共服务民营化研究（上）》，《兰州大学学报》（社会科学版）2009 年第 5 期。

化改革的理论和客观认识发达国家实践的基础上，认为我国的公共服务市场化改革存在的问题不是"需要反思市场化的改革方向，而是市场化的内容及具体形式。政府责任市场化的倾向应予校正，而公共服务提供机制的市场化改革不仅要坚持，而且要加大力度"①。张康之指出"我们需要在领域融合的视角中重新审视公共服务的供给问题"；随着后工业化进程出现了公共领域与私人领域融合的趋势，"呈现出公共生活私人化和私人生活公共化的景象"，政府垄断公共服务供给的局面被打破；随着公共性的扩散取而代之的是公共服务多元主体合作供给的局面，只有这样才能够在公共服务供给中达致某种理想的境界。② 多元主体合作治理的观点为解决公共服务供给机制问题提供了有益借鉴和参考。在公共服务供给中引入市场和社会机制的相关研究有助于弥补政府单一供给方式之不足以提高公共服务的效率，但对我国广大农村的大多数地方缺乏有效的市场竞争主体、文化传统制约的重视不够，缺乏微观和实践基础，尤其是对市场和社会合作机制得以运行的环境、组织载体和制度条件缺乏实践考察、系统论证和理论建构。

四 公共服务的发展对理论研究提出了新挑战

改革开放40年来，社会主义市场经济水平有了很大的提高，社会活力得到不断释放和激发，社会流动性极大地增强，使社会趋向多元化发展。尤其是在社会治理和公共服务实践发展中，公共服务的供给逐渐呈现复杂化，人们的需求也越来越多样化，无论是政府、市场、社会组织或其他部门，都不具备由单一主体独立地去解决所有多样、动态、复杂的公共服务问题的足够资源和能力，只有依靠多元化主体共同参与和各自贡献相结合才能有效解决公共服务供给难题。这在客观上要求政府向社会分权与整合多方资源，特别是在新公共管理运动后，推进公共服务市场化和社会化改革成为大势所趋，成为学者们研究公共服务供给方式的主要内容。

近年来，随着公共服务理论和实践的进一步发展、社会力量的不断壮大，以及受"多中心"治理理论、协同论与系统论等思想的影响，国内学者又开始了对供给主体之间多元协同与合作网络的研究。因此，公共服

---

① 周志忍：《认识市场化改革的新视角》，《中国行政管理》2009 年第 3 期。

② 张康之、向玉琼：《领域分离与融合中的公共服务供给》，《江海学刊》2012 年第 6 期。

务多中心协同供给既是理论发展的需要，也是对我国公共服务供给现实问题的回应。公共服务协同供给，是由政府、市场、社会组织与公民个人等利益相关主体在一定规则的指导下，通过各主体资源共享与优势互补，共同分配任务和承担责任，既能充分发挥政府、市场和社会的整体协同效应，又能发挥单个主体的各自独特优势，从而实现多元主体协同供给公共服务的良好格局。公共服务协同供给需要重点关注多元供给主体之间的协同关系以及协同供给机制的条件和制度保障才能实现公共服务供给效益最优，形成多元主体共赢的局面。

综合考虑我国城乡区域统筹发展、城市化、人口流动和公共服务需求的增长等复杂因素，要求各政府间、各行业系统间、各相关主体间的协同供给以提高效率和质量，而协同供给亟须各方面的制度创新提供条件和保障。因此本项目通过梳理和总结国内外各种理论研究成果和实践经验，结合我国公共服务供给现实情况，运用哈肯协同论的基本思想和方法研究公共服务协同供给的机理和整体效应，以罗纳德·科斯的交易费用理论、产权理论以及威廉姆森的中间组织理论等新制度经济学为分析工具对公共服务协同供给的制度创新及激励机制建构展开深入研究，具有十分重要的理论价值和现实价值。

第三节　国内外研究现状评价

我国公共服务经过十多年来的大力发展，必然要求实现从"量变"到"质变"、从"粗放"到"集约"的精细化发展和转变，这就对公共服务的组织方式和供给方式提出了巨大挑战，也就对相关问题的理论研究提出了更高要求。这需要在对已有研究成果进行全面梳理的基础上，找准理论创新的突破点，以期为公共服务供给侧结构性改革提供理论参考。

一　国外研究现状评价

国外有关公共服务的代表性观点对公共服务协同供给具有很强的借鉴和启示意义。一是强调公共服务是政府的专属职能，突出政府的主体责任，具有很强的政治导向价值。以亚当·斯密（Adam Smith）为代表的经济自由主义强调国防、公共工程是政府的职能，市场机制在公共服务供给方面存在缺陷。但政府在部分公共服务供给中具有诸多缺陷是不争的事实。二是将私人经济的交换原则用于公共服务，突出服务供给的效率基础，强调市场的工具价值，具有很强的现实启发意义。早期的微观经济学用效用价值论和边际分析将私人经济的交换原则应用于分析公共服务的供给，新公共管理理论肯定了市场与社会力量在显示个人需求方面的有效性，把市场机制引入到部分公共服务的供给当中（Charles Tiebout，1956；James Buchanan，1986；E. S. Savas，2000）。这对提高公共服务效率和质量极具价值，但试图在公共服务供给领域完全贯彻私人经济的效率原则是不切实际的。三是将合作治理理念引入公共服务（Elinor Ostrom，1990），突出公共服务的合作共治性，凸显公共服务的公共性。这对公共服务协同供给极具启发意义，但多中心供给要求相应的制度条件和文化传统，亟须本土化研究。四是珍妮特·V. 登哈特（Janet V. Denhardt，2003）的新公共服务理论坚持以公民为导向，强调政府在行政过程中不应该是控制、激励，而是服务，这有助于防止公共服务过度市场化导致公民权利的丧失。

国外相关研究对于研究我国公共服务的协同供给具有一定的启发和借鉴意义。尤其是罗纳德·科斯（Ronald Harry Course）的交易费用理论、产权理论以及威廉姆森（Oliver Williamson）的中间组织理论等新制度经济学思想对于深入研究公共服务协同供给的制度创新及激励机制建构具有很强的启发和借鉴意义。

二　国内研究现状评价

近年来，有关公共服务的研究成果大量涌现。一是重点围绕公共服务均等化展开研究，对于我国公共服务发展初级阶段的严重不平衡问题具有很强的现实针对性。主要针对基本公共服务严重不平衡现状（肖文涛，2008），分别从基本权利（楼继伟，2006）、最低标准（唐均，2006）、结果平等（迟福林，2006）、机会均等（刘尚希、常修泽，2007）、公共财政公平（贾康，2007）等视角研究基本公共服务均等化的内涵和测度等，以实现覆盖全民的公共服务体系（项继权，2009；丁元竹，2011）。这些研究推动了基本公共服务的广覆盖，但对服务效率、质量和满意度等关注不够。

二是强调政府责任和财政投入，既凸显我国社会主义国家性质的必然要求，又是对改革开放以来公共服务财政投入严重不足的必然反映。主要围绕公共财政制度（安体富，2007；王玮，2008）、公共服务体制改革

(姜晓萍, 2008; 郭小聪, 2010) 等研究公共服务的体制保障等。这些研究有力地促进了尤其是农村公共服务投入的增加, 但对防止政府包揽、高投入的粗放式发展倾向导致公共服务资源总量无限扩大而使用效益不高的困境重视不够。三是提出在公共服务供给中引入市场和社会机制 (毛寿龙, 2009; 周志忍, 2010; 张康之, 2012), 引起了学界对提高公共服务质量和效率的实现方式的关注, 这也是我国公共服务经过十多年来的大力发展, 要发生从"量变"到"质变"的必然要求的体现。相关研究有助于弥补政府单一供给方式之不足以提高公共服务的效率, 但对我国广大农村的大多数地方缺乏发达的第三部门和有效的市场竞争主体、文化传统制约的重视不够, 缺乏微观和实践基础, 尤其是对市场和社会合作机制得以运行的环境、组织载体和制度条件缺乏实践考察、系统论证和理论建构。四是公共服务的发展对理论研究提出了新挑战。城乡区域统筹发展、城市化、人口流动和公共服务需求的增长要求各政府间、各行业系统间、各相关主体间的协同供给以提高效率和质量, 而协同供给亟须各方面的制度创新来提供条件和保障。

三 本课题的研究价值和意义

本课题研究具有很强的现实意义和时代意义。现实中因城乡间、区域间、政府部门间、各相关主体间在公共服务中的协同不足, 导致公共服务资金严重短缺而政府部门服务资金大量剩余、服务难到位、资金使用效益不高等现象较为普遍。针对这些问题及其原因展开深入调查, 提出推动公共服务协同供给的思路和对策, 对提高我国公共服务的效率、质量和公众满意度具有很强的现实意义。

公共服务面临城乡统筹、城市化、"人户分离"等严峻现实, 制度创新要实现"以户籍为中心"向"以人为中心"的转变; 面临"供需矛盾"的突出问题, 制度创新要实现"以供给为中心"向"以需求为中心"的转变; 面临"动力不足"的痼疾, 制度创新要实现以"行政责任约束"为主的"单动力机制"向以"行政责任约束和财产权利激励"为主的"双动力机制"的转变。我国公共服务经过十多年来的大力发展, 供求格局已基本改变, 数量上的供需矛盾得到缓解, 供需基本平衡, 甚至出现部分公共服务项目供大于求的局面, 必然要求实现从"量变"到"质变"、从"粗放"到"集约"的逐步发展和转变, 尤其在经济新常态下, 公共服务供给侧结构性改革迫在眉睫。这要求公共服务的组织方式、投资管理模式和权力结构等发生根本性转变，而公共服务财政投入是这一切的核心、杠杆和决定性因素，这就必然要求公共服务财政投入重心从供给侧向需求侧转移，通过加大公共服务需求侧投入，增大公共服务对象的自主选择权，从而加大供给侧的竞争合作压力，促使公共服务供需各方通过协同供给不断提高公共服务生产供给的效率、质量和公共服务对象的满意度。因此，公共服务协同供给的研究具有很强的时代意义。

　　本课题研究具有很强的理论价值。以马克思主义公共产品理论为指导，以协同论为分析工具对公共服务协同供给的维度、机理及其效应展开深入研究，以新制度主义为分析工具对公共服务协同供给的组织形式、投资管理模式、运行机制、相关主体间的协同与合作网络及其制度保障进行理论建构，通过实践检验修正理论假设，从而构建公共服务协同供给的理论框架，具有一定的理论价值。

第二章　公共服务协同供给的现实要求

党的十八届五中全会明确提出：要"增加公共服务供给""创新公共服务提供方式，能由政府购买服务提供的，政府不再直接承办；能由政府和社会资本合作提供的，广泛吸引社会资本参与"等内容，进一步明确了"十三五"期间国家基本公共服务体系建设的总体思路和工作重点。在 2015 年 11 月 10 日中央财经领导小组会上，习近平总书记强调着力加强供给侧结构性改革。公共服务的协同供给是新时期、新形势下复杂的公共服务需求对公共服务供给提出的新要求，也是政府部门、市场组织与社会组织面对多元需求采取的理性选择。

第一节　新型城镇化的现实要求

党的十八大报告要求促进工业化、信息化、城镇化、农业现代化同步发展。2013 年 12 月 12—13 日的中央城镇化工作会议要求推进以人为核心的城镇化，把促进有能力在城镇稳定就业和生活的常住人口有序实现市民化作为首要任务。新型城镇化需要政府、市场和社会各个方面的相互配合、协同共进。公共服务面临城乡统筹、城镇化、"人户分离"等严峻现实。

一　城乡统筹发展要求区域公共服务协同供给

城乡统筹是以城乡共赢为目的的发展格局，公共服务的城乡统筹就要求在公共服务的供给方面实现城乡区域的均等化。均等化并非指绝对的相等，而是要求在公共服务的具体内容上，如基础教育、公共医疗、社会保障、基础设施以及公共安全等方面缩小城乡差距，保障基本底线，实现城乡一体化的同时反映不同地区和群体的不同需求，打破原有的不科学的二元结构状态。随着城镇化的发展，城乡基本公共服务方面的差距逐渐缩小，但仍然存在。

一是城乡义务教育资源分配不均。城乡义务教育硬件设施建设存在明显差异，尤其是在相对落后的乡村，差距会更加明显。城镇学校基本已经实现现代化多媒体教学，而大多数乡村学校仍停留在传统教学方式上，多媒体教学使用非常有限。城乡义务教育师资力量分配严重不均。尽管城乡中小学学生人均教师数量相差不大，然而在教师的整体素质和个人教学能力方面却存在比较大的差异。从城乡教师学历层次看，城镇教师的总体学历层次要高于农村，而往往更高学历的教师队伍会具有更强的教学能力。

二是城乡医疗卫生资源配置不合理。城乡医疗卫生费用分布不均。根据《2013 中国卫生和计划生育统计年鉴》的数据显示，2012 年我国城市总医疗卫生费用为农村总医疗卫生费用的 3.1 倍。城乡医疗卫生人员配置不均衡。医疗卫生人员配置向城市严重倾斜，导致农村医疗卫生人员匮乏。城乡医疗卫生床位配置不合理，农村地区由于医疗设施、医疗水平、医疗环境等限制，农村居民遇到大病都会选择向城市医院转移，导致农村医疗床位利用率低。

三是城乡社会保障发展不同步。城乡社会保险内容不同。当前我国农村地区的社会保险仅涉及养老和医疗，而城镇地区的社会保险更加全面，包括养老保险、医疗保险、工伤保险、生育保险、失业保险。城乡社会救济力度不同。社会救济包括生活救助和医疗救济两个方面。在生活救助领域，2013 年城市的最低生活保障平均支出水平为每人每月 239 元，而农村的最低生活保障平均支出水平为每人每月 104 元，城乡之间相差两倍多。在医疗救助领域，虽然农村被救助人次明显多于城镇，但从医疗救助经费支出来看，2013 年城镇人均救助经费为 1027 元，而农村人均仅有896 元。①

四是城乡基础设施建设差距大。基础设施建设资金分配不均，重城市、轻农村。农村基础设施建设布局缺乏合理性。城镇基础设施建设相对比较成熟，农村基础设施建设布局存在许多问题，包括基础设施建设的区位选择不科学，导致基础设施浪费，以及基础设施之间的关联性差，配套设施缺乏，没有形成一体化的农村基础设施建设。城乡区域面临的巨大发展差距和客观制约亟须城乡区域间公共服务的协同供给。

---

① 王欣：《我国城乡社会保障差距的综合评价分析》，硕士学位论文，河北大学，2014 年。

二　农民工市民化要求流入地公共服务协同供给

城镇化的本质是农村人口转移到城市，在城市定居和工作的现代化过程。新型城镇化的建设要求坚持以人为本，以人的城镇化为核心，保障和促进农村人口向城镇转移，适应城镇生活。据《中国统计年鉴—2015》，2013 年、2014 年中国流动人口分别为 2.45 亿人、2.53 亿人（见表2-1），流动人口数量巨大，且呈逐年增长的趋势。农民工是农村人口向城镇转移过程中最庞大的一个群体，农民工市民化是当前新型城镇化的重要内容。农民工市民化并不仅仅是身份上的简单变更，不是将农村户口换成城镇户口就可以实现的。农民工市民化要求农民工在取得户籍的基础上实现政治权利、经济权利、社会权利等各个方面与市民相一致，且在思想认知、社会认同、生活方式等方面逐步融入城市。因此，农民工市民化需要完善的公共服务体系作为支撑和保障。

表 2-1　　　　　　　　　　流动人口数　　　　　　　　（单位：亿人）

	2000 年	2005 年	2010 年	2011 年	2012 年	2013 年	2014 年
人户分离人口	1.44		2.61	2.71	2.79	2.89	2.98
流动人口	1.21	1.47	2.21	2.30	2.36	2.45	2.53

资料来源：中华人民共和国国家统计局编：《中国统计年鉴—2015》，2016 年 4 月 12 日，中华人民共和国国家统计局网站，http://www.stats.gov.cn/tjsj/ndsj/2015/index ch.htm。

然而当前我国农民工市民化的进程缓慢，除了受制于户籍制度以及农村的土地制度以外，农民工进入城市想要真正融入城市生活也面临着各方面的阻碍。从公共服务方面，可以归结为以下几点因素。

一是流动人口教育培训的协同供给机制尚未全面建立。相对于城市居民，农民工的文化程度、专业技能等方面的水平偏低，这使得农民工在城市劳动力市场中处于劣势。要推进农民工市民化进程，就需要流入地对农民工群体进行综合素质的提升、专业技能的培训、文明生活方式的指导。然而当前对农民工教育培训服务的协同供给机制尚未全面建立，相当部分农民工想要提高自身综合素质、专业技能水平、获得就业指导或就业信息，却苦于在流入地找不到合适的途径。二是农民工城市住房保障力度亟须加大。安居是乐业的基础。农民工在农村几乎都有自己固定的居所，城市的高房价、高房租很难让农民工产生"归属感"，影响农民工进一步融入城市生活的意愿。虽然当前我国推出经济适用房和廉租房政策，在很大程度上解决了城市低收入人群的住房保障问题，但针对农民工的保障性住房还是少之又少。三是社会保障缺乏。农民工流动性较大的特征促使不少用人单位疏于为农民工购买相关社会保险，尤其是建筑工程领域的农民工，除工伤保险之外，其他保险项目的参保比例非常低。

重庆市加大公租房建设和保障力度解决流动人口和中低收入人口的住房保障，卓有成效。截至2016年，重庆市公租房入住人口达53万人；到2020年底，仅主城区公租房社区人口将在200万人以上。公租房社区"人户分离"现象突出，公共服务统筹难。社区统计显示，2016年重庆市九龙坡区民安华福社区入住居民18704户，40820人，户籍人口仅4户8人。[①] 目前低保、临时困难救助、大病救助等保障只能在户籍地申请，在居住地社区无法享受和户籍人口一样的救济和扶助政策；而户籍地政府无法对其困难状况进行实时掌握，也不能及时给予援助。这些中低收入人群家庭抗风险能力极低，一旦遭遇突发变故使生活陷入困境，得不到及时救助，极易对政府和社区产生敌对情绪，集中居住更易产生情绪共振，蕴藏极大的社会治安风险。这对公共服务协同供给提出了强烈要求。九龙坡区民安华福社区针对公租房社区面临的特殊困难开展公共服务协同供给。民安华福社区建立贴心办事党支部、安心创业党支部、热心公益党支部、知心邻里党支部、开心文娱党支部，以"五心支部"为引领、"五色义工"为主体，将市民学校、社区学校、科普学堂、老年大学、人口学校有机整合，以"五校平台"为阵地，构建住房管理中心、物业公司、警务室、卫生医疗服务站、社区学校"五方共建"格局，整合社区工作人员、党员、楼栋长、志愿者、警务室"五支"力量，大力推进统筹管理一体化、精细管理网格化、信息管理规范化、公共服务社团化、优质服务人性化，实现互帮互助解民忧，社区居民对党委政府的公租房政策、"五心"支部和居委会的服务、居住环境等满意度较高。问卷调查显示，居民对社区"五心"支部工作不满意的只有5%，对社区居委会工作不满意的为9%，对社区房管中心工作不满意的为12.4%，对社区物业公司工作不满意的为26.8%，对社区警务室工作不满意的为8.4%，对社区学校工作不满意的为5.4%，对社区卫生服务中心工作不满意的为10%，对社区网格工作

---

① 数据来源：九龙坡区民安华福社区居民委员会统计。

人员工作不满意的为 7.8%，居民对社区开展的就业帮扶工作（提供就业信息、组织就业招聘、就业创业培训等）不满意的为 6.6%，对社区卫生服务中心开展的老年人免费健康体检、免费打预防针、建立健康档案等服务不满意的为 3%。此外，78.4% 居民表示居住在本社区有安全感，77% 的居民对本社区的环境绿化、整洁卫生、安静舒适等方面表示满意，仅有 9.2% 的居民对本社区目前邻里互助、邻里关系的状况不满意。① 可见，公共服务协同供给对满足流动人口的特殊需求、促进农民工的市民化具有重要作用。

三　"人户分离"现象突出挑战公共服务资源行政配置

"人户分离" 一般是指经常居住地与户籍住址登记地不一致，它是我国户籍制度背景下产生的特殊却又普遍的现象。根据国家统计局 2015 年发布的报告，2013 年全国 "人户分离" 的人口为 2.89 亿人，2014 年全国 "人户分离" 的人口为 2.98 亿人（见表 2-1）。由此可以看出 "人户分离" 现象非常突出，并呈增长趋势。而当前 "人户分离" 现象愈演愈烈的原因，可以归结为自主选择式 "人户分离" 和被迫式 "人户分离" 两种。自主选择式 "人户分离" 就是指主观不愿将户籍随居住地迁移，包括对农村宅基地的眷顾、工作变动频繁不便转移户籍等情况；而被迫式 "人户分离" 情况比较复杂，体现为希望户籍随居住地迁移而迁移，但却受制于转移条件的政策限制而未能转移。两种 "人户分离" 情况在现实中也经常相互转化。

随着我国新型城镇化进程不断加快，"人户分离" 现象对城市管理尤其是公共服务资源配置提出了巨大挑战，主要表现为 "人户分离" 现象影响人口统计信息的实用性。常用的统计方式一般以户籍信息为准，而现实情况却是相当比例地存在 "户在人不在" 或是 "人在户不在" 的现象，当公共服务资源的规划和配置以户籍人口为准时，很容易造成资源的实际分配不均，影响公共服务资源的使用效率。如 "人在户不在" 的情形多现于城镇中，尤其是大中型城市，这部分人口多被称为 "流动人口"，由于主体流动性较大，居所不固定，因而政府在城镇公共服务规划和配置过

---

① 数据来源：《公共服务协同供给的制度创新研究》课题组在民安华福社区开展的问卷调查。

程中难以周全，从而使得一部分流动人口不能享受到城镇公共服务资源。"人户分离"现象突出向公共服务资源行政配置提出巨大挑战。

四　地区间公共服务协同供给不足阻碍人才流动

公共服务的高效供给需要地区间在公共服务供给方面相互协调，达成一致目标，共同参与提供公共服务。而我国长期的城乡二元结构以及改革开放以来的地区发展战略布局和部分地方保护主义"特色"致使地区发展不平衡、不同步，缺乏协同供给的基础和桥梁。虽然当前我国各个地区的经济、政治、文化、社会等都在稳步发展，然而我们不得不承认，当基数不同而增长速度相似时，地区间的差异性就会逐渐增强，地区间的协同也会相对困难。由此造成发展相对落后地区的人口向大中型城市汇集，导致落后地区人口流失严重、大中型城市流动人口服务跟不上人口流动的速度和形式。同时，地区间协同缺乏必然阻碍人才流动，仅以大学生的入学与就业为例，绝大多数从落后地区考出来的大学生毕业后不愿再回到自己的家乡就业，这就在很大程度上造成人才向发达地区单向流动的局面。因欠发达、不发达地区公共服务供给严重不足或公共服务质量不高，缺乏对人才的吸引力，阻碍人才的自由流动和双向流动，所以加剧了"马太效应"。

第二节　提高公共服务效率的客观要求

提高公共服务效率既是政治需要又是经济要求。政治方面，提高服务效率可以增强政治稳定性、公民政治认同感，在经济方面更能增强经济的持续发展力、公民生活舒适感。而协同供给要求政府部门、社会组织和市场组织三者之间通过充分的沟通协作，实现公共服务组织结构网络化。公共服务协同供给模式的特点就在于能够有效利用各供给主体自身的功能优势和所拥有的资源条件，互为补充，相互依赖，产生更高的生产效率、服务效率，为人民群众提供更加全面、快捷、便利的公共服务。竞争合作是提高效率的动力之源，公共服务协同供给就是在公共服务中打破政府垄断的原有局面，开启政府、市场、社会三方协作的同时引进竞争，让各方充分发挥各自优势，在竞争合作中提高公共服务效率。当前我国公共服务供给主要采取以政府为主导的行政、半行政投资管理模式，公共服务生产供给主体生存压力缺乏，竞争压力不足，以"供给"为中心，协同动力缺乏，城乡间、区域间、政府部门间、各相关主体间在公共服务中呈现碎片化、分散化等协同不足的状态，导致公共服务资金严重短缺而政府部门服务资金大量剩余、服务难到位、资金使用效益不高等现象较为普遍。由于公共服务供给协同性差，内耗严重，导致公共服务效率低下。

一　部门间协同不足致公共服务资源浪费严重

服务型政府要求政府部门做到便民高效，政府各职能部门之间相互协同、相互支持、相互配合，形成合力，才能增强整个行政系统的凝聚力和驱动力。政府的各个部门应该把握并用好各自权力，发挥各部门的职责，为人民提供最优的公共服务。但是，近年来，"部门权力最大化、部门利益最大化"的不良现象逐渐显露，部分政府部门提供公共服务的动力源于部门自身的利益驱动，再加之当前我国深化行政体制改革的进程中，部门之间权力划分不明确的情况仍然存在，在实际的行政权力运行过程中，缺乏科学有效的利益协调机制和利益监督机制，最终导致部门之间协同不足。因此，在具体的公共服务提供过程中，部门之间缺乏合作动力，遇到有利于本部门的工作就多做，利益不大或者没有利益的工作就少做甚至不做，造成各自为政、互相推诿、相互扯皮的情况时有发生，必将导致"有利可图"的公共服务资源的重复投入、重复建设等公共资源闲置、浪费而"吃力不讨好"的公共服务严重缺乏的情形。部门间协同不足，也会降低公共服务的效率、质量，降低公共服务对象对政府部门的满意度。

《公共服务协同供给的制度创新》调查显示，随着城市化进程的加剧，农村学校闲置的情况越来越多，2012年CQ市全市仅村校闲置建筑面积达171万平方米，若按每人10平方米计算，可改造入住17万老人（见表4-6）。CQ市LP县BJ镇闲置村校2350平方米，可改造入住235位老人（见表4-7）。而随着老龄化社会的到来，农村的老人越来越多，若将农村闲置校舍改建为养老公寓，CQ市可节约20亿元，LP县可节约4000万元（见表4-11）。而养老和教育分属不同的部门，有效利用闲置村校，建设互助养老公寓亟须部门协同、政策激励和制度保障。

二　主体间协同不足致公共服务资源整合效率较低

在公共治理理念的影响下，多元主体供给将成为我国公共服务提供的重要形式。公共服务的协同供给需要各个供给主体之间的相互信任与相互配合，相互信任可以保持公共服务提供的稳定性，相互配合则保障了公共服务的效率。在公共服务的供给过程中，政府部门之间、市场组织之间、社会组织之间通过各自拥有的公共服务资源的共享充分发挥各自职能而建立起主体之间相互信任、相互配合的协同关系，充分发挥各主体的功能优势，利用自身资源，生产提供不同种类的公共服务，保质保量地满足不同群体对公共服务的多样化需求。主体间协同不足，相互信任度不够，不能自由、平等、理性地协同供给，就会导致公共服务的提供出现断裂。各个主体自身的资源和功能优势得不到充分发挥，不仅会影响公共服务的效率和质量，也会造成公共服务资源重复投入或闲置，以及公共资源配置不合理等资源浪费。

《公共服务协同供给的制度创新》调查发现，绝大多数民办中等职业教育学校亟须教师，民办中等职业教育学校对优秀专职教师的吸引力不足，而公办教师的兼职可以大大缓解民办中等职业教育学校师资的紧缺。但不少地方政府明确限制中等职业教育学校教师到其他职业学校兼职。另外，据重庆市邮政管理局反映，重庆市快递业务市场需求与快递企业发展能力、发展水平的矛盾非常突出，突出问题是多数快递企业分布于主城城区周边，经营分散，总体上未形成规模聚集优势，导致快件分拣相关设施设备以及邮政、安检、海关等监管设施难以集中使用，影响了快递处理效能和行业监管的有效实施。

三　加强供需多方协同才能提高公共服务需求针对性

满足区域内居民的公共服务需求是公共服务提供的最直接目的。随着社会的发展、社会分工的逐渐细化，人们对公共服务的需求呈现多样化和动态化的趋势。在传统的"以供给为中心"的自上而下的公共服务供给模式下，复杂多变的服务需求已经不容易被完全掌握，需求信息在向供应方传送过程中也容易出现信息的不完整。同时大量流动人口的不定期流动以及公共服务需求的表达不准确等因素，造成公共服务供给方很难完整掌握需求方信息。由此造成的供需间协同不足，导致特定区域或时期公共服务的供给与特定区域的居民实际需求不相符，部分居民的公共服务需求难以满足。

供需脱节尤其表现在弱势群体、特殊群体的特殊需求和流动人口的增量需求上。一是特殊群体的特殊需求。老弱病残、高危分子、刑释人员、吸毒人员等与普通群众有着不同的服务管理需求，往往是基本公共服务难以对接的。二是流动人口的增量需求。大量流动人口在社会融入、民生、家庭、情感等方面与当地普通群众有着不一样的增量需求，需要专门办法或特事特办。还因其户籍身份，流动人口往往被排除在流入地政府责任之外，其需求和诉求往往难以得到流入地政府的及时回应和平等保障。三是特殊需求和增量需求难以批量供给和常规提供。特殊需求和增量需求要求更灵活、更具针对性的服务供给，要求供给主体社会化、需求主体更加积极主动地表达需求并参与服务供给过程。这就对党委政府搭建社会互助平台、实现社会自我服务、加强公共服务协同供给提出了强烈要求。①

　　截至 2016 年年底，沈阳共建成 20 个区域性居家养老服务中心，区域性居家养老服务中心建设的选址尽可能地设置在老年人居住相对集中的场所，服务范围辐射尽可能多的老年人，每个区域性居家养老服务中心基本上覆盖 3—5 个社区。中心的主要功能是为有需求的居家老人提供便民服务、日间照料、健康保健、医疗康复、文体娱乐、餐饮、法律维权、心理慰藉、老年旅游、网络购物、家政、物业、社会工作等服务项目。区域性居家养老服务中心是上门服务与集中服务相结合、政府建设、招标企业管理的市场化方式运作的服务中心。沈阳计划加强养老服务机构的医疗服务能力。各类养老服务机构按要求设置医务室或护理站；支持有条件的养老服务机构设置医疗机构；鼓励养老机构与医疗机构采取联办、合作等方式实现医养结合。沈阳市民政局大力发展居家养老服务网络建设，计划将各类养老服务站点、养老机构、区域性居家养老服务中心、家政服务企业、社区日间照料站、急救中心等资源整合纳入统一的信息服务体系，及时回应老人的求医、求助。② 协同供给有效提高了公共服务需求的针对性。

第三节　培养公民主体性的必然要求

　　《中共中央关于制定国民经济和社会发展第十三个五年规划的建议》

---

　　①　谢来位：《搭建互动协商平台　加强基层社会协同治理》，《重庆邮电大学学报》（社会科学版）2015 年第 5 期。

　　②　李那：《沈阳 8 个居家养老中心试运营》，《辽沈晚报》2015 年 8 月 5 日。

将"国民素质和社会文明程度显著提高""各方面制度更加成熟更加定型"① 确定为全面建成小康社会新的目标要求。各方面制度更加成熟更加定型必将以国民素质和社会文明程度显著提高为基础。公民是社会治理的主体，是社会发展最直接的推动者。"在主体中自由才能得到实现，因为主体是自由实现的真实材料"②，公民主体性是民主社会的公民实现其民主权利的本质。公民主体性需要在具体的角色行为中得以实践和提升。③市场经济的发展与成熟社会的快速构建，不断深化着公民主体性的意识，社会治理理念也在不断推进公民主体性的发挥。公共服务是社会治理的重要内容，只有公民充分发挥主体性，主动并全面参与到公共服务过程中，公共服务才能更加准确到位。公共服务的协同供给，需要政府部门、社会组织和市场组织的相互协调、相互配合。作为市场组织和社会组织的组成者，公民需要充分发挥其主体性，以提供更优质的公共服务；作为公共服务的受众，公民更需要发挥其主体性，对公共服务的种类、质量、数量等表达需求，与公共服务的提供者充分交流，促使公共服务的提供更加精准。然而当前公民并未在公共服务的提供过程中充分发挥主体作用，主要受制于公民主体性意识不强，公民对公共服务决策的影响力不强，公民公共服务诉求表达渠道不畅，由此造成的公共服务资源分配不均、服务资源浪费等情形不在少数。

一　公共服务协同供给提供公民主体性培养机会

公民主体性意识是影响公共服务中公民发挥主体作用的关键因素。马克思曾说过，人民群众是人类历史的创造者，强调人民的主体性。"公民"作为法治国家的主体，在公共事务的参与中，具有自主性。现代社会的发展使公民主体性在公共生活中显得愈加重要。然而在我国两千多年的封建思想统治下，臣民思想根深蒂固。古人有云"肉食者谋之"，其意为国家的事情应该由"肉食者"——国家的管理者去考虑，普通百姓不

---

① 《中共中央关于制定国民经济和社会发展第十三个五年规划的建议》，人民出版社 2015年版，第 7—8 页。

② ［德］黑格尔：《法哲学原理》，范扬、张企泰译，商务印书馆 1961 年版，第 111 页。

③ 陈思宇、刘晶：《论身份与角色二重化中的公民主体性及其重建》，《理论与改革》2015年第 5 期。

必为此操心。这反映在当前的公共服务之中，便有了对公共服务的不关心不关注，认为提供公共服务是政府或者社会组织的事情，自己作为"平头老百姓"不能决定或改变公共服务的生产供给，只能在已经提供的公共服务中被动满足需求。当公民出于这种心理使用公共服务时，公民主体性就未能充分发挥，或者说公民的主体性意识有待提高。而公民主体性意识的提高要求通过公共服务的协同供给让公民参与到公共服务的整个过程之中来增强公民的主体性。

二　公共服务协同供给提供公民参与公共服务渠道

随着现代社会的发展，市场经济的不断深入，也有相当一部分公民具有很强的公民主体性意识，有意愿参与到公共服务中。然而，当作为公民主体性人格重要内容的参与意识和参与能力都具备的情况下，参与渠道却受阻。当前，我国并不排斥公共服务提供的主体多元化，社会组织在公共事业、基础设施等领域也获得了准入，鼓励支持社会组织的发展也受到国家政策的充分重视。然而，公共服务的主管部门机构多、程序多、组织程序不规范，公共服务供给程序烦琐，公民参与缺渠道；"自上而下"的公共服务项目决策机制以及公共服务的行政性垄断阻碍公民参与；公共服务绩效和质量的好坏取决于领导和上级的认可，而不是取决于公众的满意度，公民参与缺乏权利保障。政府在向社会组织购买公共服务过程中，由于政治因素或利益因素的影响，更容易选择与政府关系更为密切的社会组织提供公共服务，因而制约了其他以自下而上方式组建起来的社会组织提供公共服务的机会。相较于"官办"的社会组织，自发组建的社会组织参与公共服务的机会更少、渠道更窄。公共服务协同供给在一定程度上可以克服上述问题，为公民参与公共服务提供更多渠道。

三　公共服务协同供给增强公民对公共服务决策影响力

公共服务中的公民主体性表现在公民能够充分参与到公共服务的整个过程中。当前，公共服务资源很大一部分掌握在政府及其所属部门手中，公共服务协同供给的沟通桥梁尚未建立，因而公民对公共服务的需求得不到充分表达，公共服务的决策必然缺乏民主性。由此提供的公共服务也未必是公民最需要的。政府在提供公共服务时，受众会以离退休的老年人、下岗人员及儿童为主，很容易忽视青少年、青壮年的公共服务需求。公共服务的提供者对公共服务需求信息掌握不全面，对公共服务提供后的公民反馈意见掌握不及时等，会影响公共服务的决策，公民参与公共服务的实际作用也因此大打折扣。公共服务协同供给提供更多公民参与公共服务的渠道，增强公民对公共服务决策的影响力。

四　公共服务协同供给满足公共需求多样化的互补要求

随着社会的发展、市场的不断细分，公共需求呈现多样化的发展趋势。公共需求的多样化决定了公共服务生产供给的复杂化。公共服务协同供给的最直接目的在于解决公共服务提供中存在的公共问题。解决公共问题需要公共服务相关者共同协商和努力，从协同供给的决策制定到决策实施的整个过程，就需要公共服务相关者们发挥各方优势、互相补充、互相配合，共同完成公共服务的供给。在公共服务协同供给模式下，公共服务供给主体和需求主体可能发生相互转化，需求方可能变成供给方，辩证统一，在满足各自需求的同时实现服务的供给。不同供给主体、需求主体之间，根据自身资源优势、信息优势等，通过协同合作，"取彼之长，补己之短"，各自发挥特长，优势互补，供需互补，以满足日益多样的公共服务需求，提升公共服务的效率和质量，最终达到公共服务最优，同时实现公共资源的优化配置。

德国的"一老一小"项目鼓励幼儿园建在养老院旁边。养老院里70—90岁老人的"邻居"是6个月—6岁的孩子。老人与孩子一起活动，为孩子做点力所能及的事情，既让老人觉得自己"有价值"，又能锻炼老人的筋骨，训练老人的思维，驱逐老人的孤独，保持老人乐观的心理，老人的精神状态和健康状况明显好于传统养老院中的老人；孩子比其他同龄人的语言表达能力更强，也更加尊敬长辈。[①] 美国西雅图的一个组织想出了一个把幼儿园开到敬老院里的点子。让这些孩子们每天陪着敬老院里的老人们一起生活，让老人们教孩子们念书，给孩子们讲故事，孩子们陪老人吃饭，一起制作三明治等。老人们陪着孩子们做游戏，他们自己也乐在其中。而孩子们也在和老人的接触中学会了如何去面对生老病死，如何接受那些上了年纪的，甚至是残疾的老人，给老人们无私的、纯真的爱和关注。可见，公共服务需求主体之间可以通过协同实现十分有效的相互供给，满足不同主体间的服务需求，有效培养公民的主体责任意识。

---

① 《德国鼓励幼儿园建在养老院旁边》，《生命时报》2014年12月4日。

第三章　公共服务协同供给制度创新的理论根据

公共服务协同供给的制度创新应紧紧围绕不同类别公共服务的社会属性、自然特性和交易特性展开，以增强制度创新的科学合理性。本章以新制度经济学为分析工具，深入探讨各主要类别公共服务的物品特性，分析各主要类别公共服务适宜、可行、有效的供给方式，为公共服务协同供给的制度创新寻找理论根据。

第一节　公共服务的社会特性

公共服务的社会特性有很多，但核心是公平性、公共性、政治性。公共服务的公平性、公共性、政治性等社会特性决定了政府在公共服务供给中不可推卸的当然义务和首要责任。

一　公平性

现实社会中，每个人在社会中的地位、阶级出身、天生资质、自然能力、理智和力量存在无可争议的差异，且在后天的发展中还面临着各种发展机遇的差异。在现实世界，财富和收入的分配是绝对不平等的。按照罗尔斯的观点，在一个正义的社会，应当对出身和天赋的不平等进行补偿，维持最低限度的社会保障，通过税收和对财产权的必要调整，必须扩大具有较少机会的那些人的机会，以维持分配份额的一种大致的正义性。基本公共服务是根据一个国家经济社会发展阶段和经济发展总体水平，保护每一个人最基本的生存权和发展权，为人们尤其是弱势群体提供基本的就业保障、养老保障、生活保障、健康保障、教育文化服务，为实现人的全面发展提供所需要的基本社会条件。基本公共服务供给首先要保障贫困人口和低收入阶层的基本生活水平。贫困的实质是丧失人的发展所必需的最基本的机会和选择。在一些贫困地区，人们的发展机遇受到极大的限制，教育是改变其发展机遇的根本途径，而教育负担本身成为致贫的主要原因之一。通过基本公共服务，可以帮助穷人和低收入群体提高劳动技能、提高收入脱离贫困。人丧失最基本的发展机会的主要根源是受教育不足与健康状况不良。为贫困和低收入群体提供义务教育、基础医疗、最低救济、最低生活保障等，提高其发展能力，逐步改善其生存状态，扩展其发展机会，是公共服务公平性的核心要义。区域城乡之间收入和发展差距产生的深层次根源是城乡区域之间的基本公共服务差距，基本公共服务有助于缩小城乡区域群体差距，是缩小城乡区域群体差距的根本途径。公平性是公共服务的基本属性和根本价值目标。基本公共服务的基本功能或首要价值取向是要弥补个人能力和发展机会的不足，缩小贫富差距和社会不平等，促进社会的公平正义。

二　公共性

"公共服务"顾名思义具有"公共性"。"公共"意为"公有的""公用的""公众的""共同的"，是人与人在生产、生活、交往中相互照顾、关心和相互影响的一种状态，强调个人能超越自身利益去理解、考量并关心他人利益，具备公共精神和意识，谋求合力解决人们共同面临的、与群体共同生产生活有密切关系的问题，以增进公共利益。公共服务"公共性"的根本体现在于公共服务的功能价值、作用效果、影响意义不局限于个人，公共服务是对他人、对整个社会有着重要影响的"公事儿"。一个人的受教育程度、健康状况不仅制约或影响他个人的发展和幸福，还是整个社会发展的基础，绝不是哪一个人的"私事儿"。公共设施、公共交通等公共服务是整个经济社会发展的基本条件，是影响和制约着整个社会每个成员发展的"共同事业"，具有很强的"公共性"。因此，公共服务的"公共性"必须体现在公共服务价值取向的公平正义性，公共服务运作过程的公开性与广泛参与性，公共服务目标群体的平等性和广泛性。

一是公共服务需求的共同性和基本性。消费需求的同质性决定了公共服务满足的是人们无差异的消费需求。公共服务需求是超越个体利益的共同体利益，即一定范围的共同体内成员共同具有的利益，是个体利益重合的那部分利益，是共同的个体利益。公共服务是取之于民、用之于民的活动，通过社会财富再分配的手段保障公民的基本权利、满足公民的基本需求，实现基本需求均等化。消费需求的层次性决定了基本公共服务满足的是低层次的、基本的公共服务需求。公共服务与社会生产是辩证统一关系，没有社会生产，就没有社会财富，就没有公共服务；没有公共服务，社会生产缺乏保障，社会财富积累也受影响。激发社会创造财富的能力与公共服务合理地分配社会财富的比重要适当，才能实现公共利益的最大化。基本公共服务主要是普适性和补救性事项，只提供最低水平的、标准化的、一般化的服务，特殊化的需求只能到公共服务之外去寻求满足。由于生产力水平和生产关系处在不断的发展变化之中，公共服务的最低水平会随着时间地点的变化而变化。

二是公共服务供给主体的多元性和参与性。公共服务的有效供给需要以政府为核心主体的社会公共组织、私人组织以及公民个体的广泛参与，不管是政府、社会还是市场服务组织，都可以根据其各自的优势在不同的领域、不同的范围提供不同种类的公共服务。

三是公共服务目标群体的普惠性和平等性。公共服务要体现平等、正义、公平、民主、伦理以及责任心等方面，要求能满足不同层次公民的共同需要，特别是要满足在社会中处于不利地位公民的需要，以实现社会的公平与正义。尤其是一定区域内的公共服务事项，没有法定理由不能拒绝消费者进入或享有。四是公共服务过程的公开性和自主性。公共服务主体的多元性、参与性以及目标群体的广泛性、平等性都要求公共服务过程公开，接受各方的监督，以增强效益和效率，保证公共服务的公平公正。这必然要求公共服务主体主动展示能力，目标群体主动表达需求，从而实现公共服务供需的动态平衡，既增进效益，又实现公平正义。

三　政治性

英国思想家洛克指出："公民政府是针对自然状态的种种不方便情况而设置的正当救济办法。"① 恩格斯在《家庭、私有制和国家的起源》中指出："国家是社会在一定发展阶段上的产物；国家是表示：这个社会陷入了不可解决的自我矛盾；分裂为不可调和的对立面而又无力摆脱这些对立面。而为了使这些对立面，这些经济利益互相冲突的阶级，不致在无谓的斗争中把自己和社会消灭，就需要有一种表面上驾于社会之上的力量，

---

① ［英］洛克：《政府论》（下篇），叶启芳、瞿菊农译，商务印书馆 1981 年版，第 10 页。

这种力量应当缓和冲突，把冲突保持在'秩序'的范围以内；这种从社会中产生但又自居于社会之上并且日益同社会脱离的力量，就是国家。"① 马克思指出："以往国家的特征是什么呢？社会起初用简单分工的办法为自己建立一些特殊的机关来保护自己共同的利益。"② 为公民提供公共服务尤其是基本公共服务是政府的基本职能，是政府合法性的基础。17—18世纪，古典自由主义经济理论的代表人物亚当·斯密主张"管理最少的政府就是最好的政府"，政府的职能包括保护本国社会的安全、③ 设立一个严正的司法行政机构保护人民的安全、④ 建立并维持公共工程和公共机关。⑤ 1776 年美国《独立宣言》和 1789 年法国《人权与公民权利宣言》确认政府的宗旨是保护人民大众神圣不可侵犯的生命权、财产权、自由权和追求幸福的权利。

《联合国宪章》第 13 条第一项第二款规定大会应发动研究，并提出建议："促进经济、社会、文化、教育及卫生各部门之国际合作，且不分种族、性别、语言或宗教，助成全体人类之人权及基本自由之实现。"《联合国宪章》第 55 条规定："为造成国际间以尊重人民平等权利及自决原则为根据之和平友好关系所必要之安定及福利条件起见，联合国应促进：（子）较高之生活程度，全民就业，及经济与社会进展。（丑）国际间经济、社会、卫生，及有关问题之解决；国际间文化及教育合作。"联合国大会于 1948 年 12 月 10 日通过的《世界人权宣言》首次承认经济、社会和文化权利，对更全面地促进和保护人权具有重要意义。⑥ 对于公民和政治权利与经济、社会和文化权利这两类人权，东西方国家持有截然不同的态度。西方国家强调第一类人权（即公民或政治权利，或称第一代人权）的重要性，有的甚至不承认第二类人权是真正的人权。公民和政治权利与经济、社会和文化权利"属于两种不同的权利范畴，前者重点在于个人免于来自国家方面的干涉和压制，而后者则需要来自国家方面积

①《马克思恩格斯选集》第 4 卷，人民出版社 1972 年版，第 166 页。

②《马克思恩格斯选集》第 2 卷，人民出版社 1972 年版，第 334 页。

③［英］亚当·斯密：《国民财富的性质和原因的研究》（下卷），郭大力、王亚南译，商务印书馆 1974 年版，第 254 页。

④ 同上书，第 272 页。

⑤ 同上书，第 284 页。

⑥《中华人民共和国国务院公报》1997 年第 37 号（总号：889），第 1610 页。

极的介入"①。"按照一般的看法，对大多数公民权利和政治权利的保护只需要很少的经济资源——如果需要的话。——对一国政治除了要求它进行立法和作出不从事某些非法行为的决定——不对人民施加酷刑、不任意对他们监禁等等——之外，不会对它有更多的要求了。然而当涉及经济、社会或文化权利时，负担就会加重，而且任务会更复杂。"② 但"守夜人"式的传统国家观念与当代世界的发展不合拍，事实上当代国家已普遍介入、干预社会经济生活。

经过多次激烈辩论，联合国大会决定要求经社理事会请人权委员会起草两个国际人权公约（一个关于公民和政治权利，另一个关于经济、社会和文化权利），以便联合国大会同时通过两个国际人权公约并同时开放签字，还要求两个公约应尽可能多地包括类似的规定以便保证公约目的的统一性。分别制定两个公约既可以照顾到两类权利不同的执行体系，又可以使不愿意同时接受两类权利的国家至少能够通过参加其中一个公约而接受一类权利，以免因为不接受其中一类而不得不放弃全部。③ 中国政府已经分别于1997年和1998年签署了《经济、社会及文化权利国际公约》与《公民权利和政治权利国际公约》，并于2001年2月28日第九届全国人大常委会第二十次会议作出批准《经济、社会及文化权利国际公约》的决定。无疑，公共服务是保障公民经济、社会及文化权利的基本途径。基本公共服务的责任主体是政府，基本公共服务水平刻画着政治文明的底线，是公平价值的弘扬和体现。因此，基本公共服务具有鲜明的政治性。基本公共服务的政治性决定了政府在基本公共服务提供中不可推卸的当然义务和首要责任。

第二节 公共服务的种类及其消费特性

公共服务包含不同的类别，诸如基础教育、医疗卫生、住房保障、社会保障、公共安全、公共交通、劳动就业、公共文化、公共设施等，不同

---

① 王铁崖主编：《国际法》，法律出版社1995年版，第211页。

② ［美］托马斯·伯根索尔：《国际人权法概论》，潘维煌、顾世荣译，中国社会科学出版社1995年版，第27—28页。

③ 白桂梅等编：《国际法上的人权》，北京大学出版社1996年版，第75页。

类别的公共服务其消费特性有明显差异，而物品的消费特性决定了消费者的支付意愿和生产者的提供意愿。因此，我们不能不加区别地采用同样的供给方式。根据公共服务的不同类别采用不同的供给方式既有利于提高资源的利用效率，又可以增强服务供给的针对性，还可以提高公共服务的公平性。因此，本节分析各类主要公共服务的消费特性。本课题参照《国家基本公共服务体系"十二五"规划》中确定的基本公共服务范围，同时考虑到研究的可行性，确定了重点研究的公共服务主要种类。

一 公共服务的消费特性

公共服务（物品）的消费特性主要指服务或物品消费的排他性和共用性。物品的排他性是指一种物品具有可以阻止其他人使用或消费该物品的特性，即某个消费者能将其他消费者排斥在获得该商品的利益之外。物品的排他性直接决定了使用者的支付意愿，因此公共服务的排他性强弱在很大程度上决定着该类公共服务的供给是采用使用者直接付费的方式还是采用政府及相关公共组织间接付费的方式更好。

物品的共用性是指某产品在消费过程中，受益者之间不存在利益冲突，增加消费者的边际成本为零；其又被译为"非竞争性""非对抗性""非争夺性"或"非相克性"等；诸如国防、路灯和广播电视节目等。物品的共用性直接决定了该物品生产的成本收益约束力度，因此公共服务的共用性强弱在很大程度上决定着该类公共服务的生产供给的成本核算和定价机制是主要应该由市场竞争机制来决定还是应该由行政方式来决定。

根据排他性和共用性可以将物品和服务分为四种纯粹形式：排他完全可行的纯个人消费品、排他完全可行的纯共同消费品、排他完全不可行的纯个人消费品和排他完全不可行的纯共同消费品，E. S. 萨瓦斯将它们分别称为：个人物品、可收费物品、共用资源和集体物品（见图3-1）。[①]事实上，大多数物品都落在纯粹个人消费物品和纯粹共同消费物品、排他性物品和非排他性物品构成的连续体之内。物品的特性决定了消费者的支付意愿和生产者的提供意愿。因此，物品性质决定了为提供满意的质量和数量的物品，使用者付费是否可行，政府干预是否必要以及政府介入程度

---

① ［美］E. S. 萨瓦斯：《民营化与公私部门的伙伴关系》，周志忍等译，中国人民大学出版社2002年版，第49页。

的深浅。①

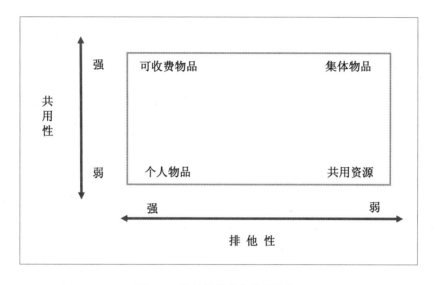

图 3-1　物品的排他和共用特征

　　个人物品应该由市场提供，但政府有时为了促进社会公平等目的也提供个人物品。可收费物品也能通过市场来提供，但为了降低成本，有些可收费物品需要政府来提供，如自然垄断物品。不过，即使是自然垄断行业也可以引入竞争，政府的作用仅在于引进并管理潜在供应者之间的竞争过程。集体行动是保护共用资源的有效方法之一，但保护共用资源的新思路是使共用资源变为私人物品，当一种共用资源被转变为私人物品时，对它的维护和管理就更加有效。集体物品的供给最为复杂。小集团的集体物品能够通过志愿行动来供给。一旦志愿行动不能保证集体物品的充分供给时，例如当社会单位较大且多样化时，就必须通过法律认可的强制贡献来达到。可是集体物品很难度量和选择，集体物品的受益者应该付费，但确认受益者并不那么容易。确定"集体"的基本原则应该是由包含绝大多数受益者的最小公共单位来提供这一集体物品，且集体物品的不同特性和受益者的不同身份，决定了受益者在物品提供中的不同层次的责任。②

---

①　谢来位：《公共服务能力建设要点分析》，《行政与法》2006 年第 2 期。
②　同上。

　　同时，物品或服务的具体性、生产者的可得性（生产者的多寡）、服务所容许的竞争程度、服务规模、收益和成本的关联度（付费对消费的制约程度）、服务对消费者的回应性、服务对政府指导的回应性以及经济公平和社会公平等一系列因素决定着某项服务采用哪些方式来提供效果最好。①

二　主要类别公共服务的消费特性及其对供给方式的影响

　　本课题所探讨的公共服务主要是指基础教育、医疗卫生、住房保障、社会保障、公共安全、公共设施、公共交通、公共文化、劳动就业、最低生活保障等种类。各种类公共服务的内涵或外延在种类上有可能存在交叉或歧义，但本课题探讨的基础是指其主要的一般性的内涵或外延。根据物品或服务的排他性和共用性，我们可以对公共服务的主要类别，包括基础教育、医疗卫生、住房保障、社会保障、公共安全、公共设施、公共交通、公共文化、劳动就业、最低生活保障等的消费特性展开分类研究（见表3-1）。从表3-1可以看出，并非所有的公共服务的消费特性都完全相同，而是有明显差异，这就对公共服务的组织安排、投资管理、生产供给方式等提出了不同的要求。

表3-1　　　　　　　　　　主要类别公共服务的消费特性

公共服务种类	排他性/使用者付费	共用性/成本收益约束	物品类别
基础教育	强/适宜	较弱/较强	个人物品
公共卫生	较弱/不确定	较强/不确定	准集体物品
医疗服务	强/适宜	弱/强	个人物品
住房保障	强/适宜	弱/强	个人物品
养老服务	强/适宜	弱/强	个人物品
社会保险	强/适宜	弱/强	个人物品
公共安全	弱/不适宜	强/弱	集体物品
公共设施	较强/不确定	较强/弱	可收费物品、集体物品
公共交通	强/适宜	较弱/较强	
公共文化	较强/不适宜	较强/弱	

---

①　谢来位：《公共服务能力建设要点分析》，《行政与法》2006年第2期。

公共服务种类	排他性/使用者付费	共用性/成本收益约束	物品类别
劳动就业	强/适宜	弱/强	个人物品
最低生活保障	强/适宜	较弱/较强	个人物品

注：多数类别公共服务的具体内容很多，其中某些内容的消费特性与主要内容的消费特性存在差异，本表所标注的该类公共服务的消费特性仅指该类公共服务中的主要内容的消费特性。本研究报告的公共设施包括公共交通基础设施、市政基础设施、公共文化基础设施、公共生活基础设施等；公共交通主要是指公共客货运输服务活动，不含基础设施；公共文化是指广播电视、电影、文娱、报刊、图书等文化服务活动，不含基础设施；劳动就业只包括职业信息、职业介绍、职业培训等服务。

（一）基础教育的消费特性及其对供给方式的影响

一个社会或国家的基础教育的内涵和外延因其经济社会文化等的发展水平或阶段而异。现阶段，一般认为中国的基础教育包括幼儿教育、小学教育、普通中等教育。但随着技能型人才缺口的加大和地位的凸显，中等、高等职业教育无疑会受到越来越多的重视，当前政府给予中等、高等职业教育的补贴力度如此之大足以证明这一点。随着我国经济社会文化的快速发展、人口素质要求的进一步提高，高等教育也将成为越来越多的现代公民人生发展历程之必要需求，高等教育将逐步成为基础教育的重要内容。

无论是中小学教育还是高等教育和职业教育，其排他性强、共用性较弱的特性是相同的。基础教育具有可以阻止他人使用该物品的特性，即基础教育的提供者、生产者或者所有者能以很低的成本排除某人对基础教育的实际享用。由此，在基础教育的生产供给环节，要采用使用者付费市场机制，付费者享受基础教育，不付费者不能享受基础教育，从而在基础教育的生产供给中建立起节约保护教育资源、提高教育服务质量、降低教育服务成本的激励约束机制，就具备天然合理性。基础教育可以采用一对一、小班、大班、大报告等多种组织形式，且在多数情况下，基础教育是采用有一定班额的班级授课形式，具有一定的规模效应和共用性。教学成本存在边际递减效应，但教学收益同样存在边际递减效应，因此，基础教育存在微弱的共用性，教育机构的成本收益约束力较强。由此可以认为，基础教育具有个人物品的性质（见表3-1）。单从这一点出发，基础教育应尽可能采用使用者付费等市场激励机制和成本收益约束机制予以提供。

当然，这只是影响基础教育供给方式的因素之一，其供给方式还受社会特性和交易特性的深刻影响，因此，其供给方式是在三大因素共同影响下的选择。

（二）医疗卫生的消费特性及其对供给方式的影响

医疗卫生包括医疗服务和公共卫生，其消费特性有一定差异。对重大疾病尤其是传染病、地方病、职业病的预防、监控和医治，对食品、药品、公共环境卫生的监督管制以及相关的卫生宣传、健康教育、免疫接种等公共卫生服务的排他性较弱、共用性较强，具有集体物品的性质（见表3-1），宜采用集体行动提供，市场化提供将受到诸多制约。但并非就一定完全排除使用者付费和成本收益约束的市场方式提供，在公共卫生服务的终端环节适当地引入市场机制，将有助于提高公共卫生服务的效率和质量。

以某地区65岁以上老人免费健康体检为例，区县卫生局及其下属的疾病预防控制中心是相关项目的组织实施、业务指导和监督考核单位，农村乡镇卫生院和城镇社区卫生服务中心是该项服务的直接提供者，区县财政局以统计数据等为依据确定65岁以上老人的人口数据、确定当年该项目的财政支出预算，然后由区县财政局根据乡镇卫生院和城镇社区卫生服务中心通过区县卫生局上报的参加免费健康体检的老人人数向乡镇卫生院和城镇社区卫生服务中心划拨相应经费。这一制度设计尚有很大缺陷，根源在于该卫生服务项目的实际需求者（老人们）的主体地位尚未确立、老人们的选择权严重缺乏。《公共服务协同供给的制度创新》调查显示，农村老人健康体检意识不强或需求不强以及项目宣传不到位，真正到乡镇卫生院去体检的人不多，乡镇卫生院或城镇社区卫生服务中心可能虚报免费体检人数从而套取财政资金，而区县卫生局为防止这种情况发生，就组织相关人员到乡镇卫生院或社区卫生服务中心进行项目执行情况的检查核实，但核实的主要方式是查看相关档案资料和记录。这种考核监督方式事实上无法防止虚报套现。更有甚者，区县卫生局、疾病预防控制中心和乡镇卫生院、社区卫生服务中心都心照不宣或私下勾兑共同套取财政资金，最终导致财政资金的使用效率很低。且这种免费体检主要依赖行政隶属关系组织实施，以行政强制方式为主，没有留给老人们必要的对体检医院的选择、对体检项目的选择以及对其他更亟须的医疗服务项目的自主选择余地。公共服务需求主体缺乏选择权、公共服务供给主体缺乏竞争机制就难以提高服务的效率和质量。即使部分公共卫生项目不适宜采用使用者付费的方式来激励生产和约束消费，但其生产环节仍然可以采用政府购买服务的方式来向消费者提供，从而提高各方的投资生产积极性、生产效率和质量。

相对于公共卫生服务而言，医疗服务具有更强的排他性和更弱的共用性，是典型的个人物品（见表3-1），应尽可能地采用使用者付费等市场激励机制和收益成本约束机制。经过多年改革，市场机制在医疗服务中已经比较充分地建立起来了。但因为优质医疗资源总量的严重不足、医疗资源分布的严重不平衡以及医疗行业专业性极强、医患信息严重不对称，医疗服务中的市场机制难以有效发挥作用。因此，医疗服务在引入市场机制的同时，必须加强政府和社会的监管。同时，因为疾病的产生具有很强的不确定性和不平衡性，为有效分担疾病的风险，政府或社会建立了医疗保险，从而建立起了医疗服务的市场化保障机制。调查反映，一些管理不规范的民营医院，利用一些中老年人贪小便宜的心理，在其医治普通感冒等疾病时，鼓励、怂恿其住院治疗，采用"小病大医"的方式，虚构病历等资料，骗取医疗保险费用。这对相关医疗保险机构加强监管提出了强烈的要求。

（三）住房保障的消费特性及其对供给方式的影响

住房保障是指在依靠市场配置住房资源尚未能保证人人都依靠自己的收入买房子住的情况下，为了保障人人都住有所居，政府帮助单纯依靠市场解决住房有困难的群体实现住有所居。当前住房保障服务主要包括住房补贴、住房公积金、廉租房、限价房（即限制价格、限定面积、限定销售对象的普通商品房）、经济适用房、公租房（公共租赁房）等政策措施。一个人如果不付费或不承担成本，很容易被排除其对该住房的居住或相关权益的享受，对于某一住房，每增加一个消费者或居住者就会减少他人对该住房的使用面积、使用权益和质量，因此，住房具有很强的排他性和非共用性（竞争性），是典型的个人物品（见表3-1）。

住房公积金制度是由雇主与雇员共同缴付、免征个人所得税、可用个人账户累积部分和公积金贷款购房且公积金贷款实行优惠利率的住房保障制度,其保障方式是一种市场化的保障机制。政府通过减免土地出让金或提供土地补贴、减免税费等方式由房地产开发企业建设的为有限收入水平的购房者购买的有限档次、有限面积、有限价格的经济适用房或限价房,是一种半市场化、半行政化的提供方式。对购买经济适用房仍有困难的群体,建立政府贴息的制度(政府补贴购房贷款利息);对于贴息也买不起的群众,由政府提供公共租赁住房或廉租房等方式,是非市场化的方式;对少量特困群体,连廉租房的租金也付不起,可采取政府提供贴租的方式,是典型的救济方式,是政府保障与市场提供相结合的方式。这一系列的住房保障措施各自采用的市场化方式或政府保障与市场化方式相结合的方式是否具有合理性,是否有效率,是否能促进社会公平,需要紧密结合物品消费特性来加以分析。

无论是经济适用房、廉租房、公租房(公共租赁房)等住房,还是住房补贴、住房公积金等社会保障在物品消费特性上都具有很强的排他性、很弱的共用性,因此,住房及住房保障属于典型的个人物品。由此看来,住房保障中应该是以市场机制为主的提供方式最有效率。但现实中所采用的住房保障措施,有些措施的资源配置方式的行政性强些,有些措施资源配置方式的市场性强些,两种方式兼而有之。到底谁优谁劣,有待深入分析。本课题对这些住房保障措施的特点和优缺点作了简要比较(如表 3-2 所示)。

表 3-2　　　　　　　　　　　　主要住房保障方式比较

方式特点	住房公积金	住房补贴	经济适用房	公租房	廉租房	廉租房补贴	限价房
保障对象	城镇在职职工	住房未达标职工	低收入群体	中低收入群体	低(无)收入家庭	低(无)收入家庭	中等收入群体
政策执行主体	住房公积金管理中心	住房管理部门	市区房管局(市房地产档案馆)	住房城乡建设主管部门	区县房管局	区县房管局	区县房管局
政府出资、补贴、优惠等投入成本	无	有	有	有	有	有	无
政府直接补贴对象	无	购(租)房者	开发企业	政府所属公共企业	政府所属公共机构	租房者	无

方式特点	住房公积金	住房补贴	经济适用房	公租房	廉租房	廉租房补贴	限价房
住房供给方式	市场提供、使用者付费	市场提供、政府补贴、使用者付费	市场提供、政府优惠激励、使用者付费	政府直接提供、使用者部分付费	政府直接提供、使用者不（或极少）付费	市场提供、使用者付费	市场提供、政府限制、使用者付费
房地产开发企业的竞争性	竞争性强	竞争性强	竞争性弱	无	无	竞争性较强	竞争性较强
购（租）房者的选择性	选择性强	选择性强	选择性较弱	选择性较弱	选择性较弱	选择性较强	选择性较强
保障性质	自助、互助	政府保障	政府保障	政府保障	政府保障	政府保障	政府保障
政府成本	低	较高	较低	高	高	高	低
激励或约束机制	充分竞争	充分竞争	有限竞争、政府监管、社会监督	无竞争、内部监管、社会监督	无竞争、内部监管、社会监督	竞争较强、内部监管、社会监督	有限竞争
提高服务质量效率的动力	强	强	较弱	弱	弱	较强	较弱
保障实施环节	少	少	多	较多	较多	较多	较少
政策实施责任主体	少	少	多	较多	较多	较多	较少
监管监督难度	易	易	难	较难	较难	较难	较易
实现目标的难易度	易	较易	难	较难	较难	较难	较易
主要弊端	不明显	不明显	市场激励不足、权力寻租	缺乏市场激励	缺乏市场激励、易产生官僚主义	较易产生官僚主义	市场激励不足

注：程度由强（高、难、多）到弱（低、易、少）依次分为强（高、难、多）、较强（高、难、多）、较弱（低、易、少）和弱（低、易、少）四个层次。

住房公积金的保障对象是城镇单位在职职工。政策执行主体是住房公积金管理中心，是直属人民政府的独立的事业单位；公积金由用人单位及其在职职工缴存，不需要政府出资、补贴、优惠等投入成本；住房供给方式是市场提供，房地产开发企业的竞争性很强，购房者的选择性很强；保障性质是自助和互助，政府成本低，主要是提供公积金运行所需要的制度、规则、管理和监管；激励或约束机制主要是靠充分竞争，提供内在激励力，相比较而言，保障实施的环节少，政策实施责任主体少，便于监督监管，具有提高住房保障服务质量和效率的市场激励机制，因此，房产开发企业提供服务质量和效率的激励力强，易于实现对政策目标群体的住房保障，没有明显弊端。所以，住房公积金制度或以住房公积金制度为基础构建住房保障体系保障了使用者付费的消费支付方式，是实现住房保障的最优选择。

住房补贴的保障对象是国家行政机关、事业单位的无住房职工或住房面积未达到规定标准的职工。政策执行主体是住房管理部门，政府出资补贴；政府直接补贴对象是购房者或租房者，住房供给方式是市场提供及使用者付费的消费支付方式；房地产开发企业的竞争性强，购（租）房者的选择性强；保障性质是政府保障，政府成本较高；激励或约束机制是充分竞争；保障实施环节少，保障实施责任主体少，监管监督难度较小；房产开发企业提高住房保障服务的质量和效率的动力强，易于实现对政策目标群体的住房保障，主要弊端不明显。

经济适用房的保障对象为低收入群体。《北京市经济适用住房管理办法（试行）》称经济适用住房，"是指政府提供优惠政策，限定建设标准、供应对象和销售价格，向低收入住房困难家庭出售的具有保障性质的政策性住房"[①]。以重庆市为例，2014 年重庆经济适用房申请条件包括：家庭人均年收入未达到市统计局向社会公布的上年度城镇居民人均可支配收入标准的本市城镇居民家庭；家庭年收入未达到上一条标准的进城务工农村家庭以及外地来渝常驻人员；驻渝部队和人武部、预备役部队等符合购房条件的人员。符合上述条件之一的无房（无房屋产权）或现人均住房建筑面积未达到本市人均住房建筑面积 60% 的家庭，可申请购买一套经济适用房。[②]

经济适用房有政府的出资、补贴、政策优惠等投入成本，政府的直接补贴对象是开发企业；住房的供给方式是市场提供及使用者付费的消费支付方式；采用政府优惠激励房产开发企业；房地产开发企业有一定的竞争性，但竞争性很弱；购房者在住房上有一定的选择性，但选择性较弱；开

①　《北京市经济适用住房管理办法（试行）》（京政发〔2007〕27 号），2007 年 9 月 25 日。

②　《重庆市经济适用住房管理暂行办法》（渝建发〔2007〕223 号），2007 年 11 月 8 日。

发企业提高住房服务质量和效率的积极性不高；住房保障性质属于政府保障，政府的投入成本较低；激励或约束机制属于有限竞争和政府监管；保障实施环节和流程多，程序较为复杂。以重庆为例，重庆经济适用房申请流程包括："首先经济适用房申请本人需要携带个人的相关资料信息到户口所在地的区房管局提出申请，填写并提交相关的资料信息。然后区房管局进行审核，审核通过的报市房管局复核，对申请人住房情况的核实由市房地产档案馆出具证明。市房管局根据经济适用房申请者提供的材料以及住房困难程度进行评分，然后在网站上公示。根据评分的高低按批次批准购房申请，申请人获得购房资格后，经过摇号确定选房的顺序，完成购房。"① 政策实施责任主体多，容易造成责任不明确，滋生官僚主义和腐败，监管监督难度大，难以实现对政策目标群体的住房保障，导致不该住的住了，该住的住不了，市场激励力不足，权力寻租空间很大。可以说，中国的经济适用房是最广受诟病的住房保障方式。尽管制度设计的形式是半市场化、半行政化，但在这种混合机制下，往往市场机制严重受到行政机制的干扰，市场机制难以发挥作用，真正的中低收入群体难以享受到经济适用房。

2006 年，笔者跟踪调查过一个经济适用房项目，在项目建设很长一段时间不确定或不公开预计开盘时间，即使欲购房者在售楼处打听相关消息，售楼的置业顾问往往也以不知情搪塞。在 9 月的一天早上在项目所在地，售楼部通过张贴通知的方式突然公布当日即为开盘时间，且开盘选房的地点不在项目所在地的售楼处，而在 2—3 千米外的一个地方，即要不是得到"内部消息"，基本上是不可能购买到这处比市场价低 10% 左右的经济适用房的。果然，在开盘后的第二天，该项目即宣布售罄。最终，这种住房保障方式导致政府的税收、土地优惠等投入难以实现对政策目标群体的住房保障目标。

公共租赁住房保障对象是中低收入群体。《北京市公共租赁住房申请、审核及配租管理办法》规定公共租赁住房供应对象主要是城市中低收入住房困难家庭，包括符合条件的具有北京市城镇户籍的家庭，外省市来京在北京市均无住房的人员，产业园区引进人才和园区住房困难的就业

---

① 《重庆市经济适用住房管理暂行办法》（渝建发〔2007〕223 号），2007 年 11 月 8 日。

人员等。① 县级以上地方人民政府住房保障主管部门负责本行政区域公共租赁住房管理工作，公租房由政府出资、补贴、优惠等投入；政府直接补贴对象是政府所属公共企业，住房供给方式是政府直接提供；尽管采用了使用者部分直接付费的方式，但房地产开发企业竞争性很弱；租房者的选择性较弱；保障性质是政府保障，政府成本高；激励或约束机制主要靠内部监管和社会监督；保障实施环节较多，政策实施责任主体较多，监管监督难度较大；提高住房保障服务质量和效率的难度较大，实现对政策目标群体的住房保障的难度较大。主要弊端是住房供给方缺乏市场机制激励，建房和管理的成本较高。

廉租房的保障对象是困难群体；政策执行主体是房地产行政主管部门，政府有出资、补贴等投入成本；政府直接补贴对象是政府所属公共机构；住房供给方式是政府直接提供，使用者不（或极少）付费；房地产开发企业的竞争性很弱，租房者的选择性很弱；保障性质是政府保障，政府成本高；激励或约束机制是无竞争，主要依靠内部监管和社会监督；保障政策实施环节较多，保障政策实施的责任主体较多，监管监督难度较大；提高住房保障服务的质量和效率的积极性不高，实现对政策目标群体住房保障的难度较大。主要弊端是住房供给方缺乏市场机制的激励，还容易滋生官僚主义。

廉租住房租房补贴的对象是上年人均月收入及家庭人均现住房使用面积均低于一定的标准，且未享受廉租住房、经济租赁房（含实物配租和租房补贴）、经济适用房等住房保障政策的困难群体。廉租住房补贴由政府出资、补贴，直接补贴对象是租房者；住房供给方式是市场提供及使用者直接付费；房地产开发企业或房东有竞争性；租房者有一定的选择权；房东或房地产开发企业具有提高服务质量和效率的积极性；保障性质是政府保障，政府成本高；保障政策实施环节多，保障政策实施责任主体多。以天津市的廉租住房租房补贴申领程序为例，低收入住房困难家庭到户籍所在地街道办事处（乡镇人民政府）提出申请。申请时需提供诸多证明材料，必须经街道办事处（乡镇人民政府）初审、区（县）房管局和民政部门审核、区（县）房管局公示，经公示无异议的，区（县）房管局

---

① 《北京市公共租赁住房申请、审核及配租管理办法》，2014年9月29日。

为符合条件的申请人开具租房补贴资格证明，在取得租房补贴资格证明的申请人自行租赁住房并到房屋所在区（县）房管局办理房屋租赁登记备案手续后，才能申领补贴，并经审核无误后，为申请人开立银行储蓄存折等。可见，廉租住房租房补贴的程序较烦琐，监管监督难度较大，实现对政策目标群体的住房保障目标的难度较大，主要弊端是容易产生官僚主义。

限价房的保障对象是中等收入群体。[①] 其政策执行主体是住房保障管理部门；限价房基本上不需要政府出资、补贴、优惠等投入成本，无政府直接补贴对象；住房供给方式是市场提供，政府限制及使用者付费的支付方式；房地产开发企业有一定的竞争性；购房者有一定的选择权，保障性质属于政府保障，政府成本低；激励或约束机制是有限竞争，提高服务质量效率的动力较弱；保障实施环节较少，政策实施责任主体较少，监管监督难度相对较易，实现保障目标的可能性较大。主要弊端是市场竞争不充分，市场激励能力不足。

通过对以上各种住房保障方式的比较发现，住房排他性强、共用性弱，适宜采用使用者付费的支付方式，具有很强的成本收益约束力，因此，市场提供是最适宜的方式。对于中等及以上收入的群体的住房保障应该以市场供给为主，政府应承担为中低收入群体尤其是低收入群体提供公租房、廉租房、经济适用房的责任，但具体供给方式应该体现住房直接供给主体具有一定的竞争激励机制、住户具有一定的选择权。如果中等偏下及低收入群体在一个社会的占比太大，政府提供住房保障的压力太大，政府在通过公租房、廉租房、经济适用房等方式来予以提供的同时，应该通过加大土地供应、限价房等方式来提供，更有效率。

（四）养老服务的消费特性及其对供给方式的影响

目前中国的养老服务主要包括居家养老、社区养老、机构养老等三种组织形式。居家养老服务主要包括老年人餐饮、起居照料、洗浴、清洁卫生、急救、医疗护理等服务。社区养老服务是以家庭养老为主，社区机构养老为辅。机构养老服务是一种全人、全员、全程的养老服务。无论是哪种形式的养老服务，其对人力资源、住房及各种设施设备资源的占用都具有很强的排

---

① 《北京市限价商品住房管理办法（试行）》（京政发〔2008〕8 号），2008 年 3 月 26 日。

他性和非共用性，养老服务是典型的个人物品（见表 3-1）。因此，养老服务的提供可以采用使用者付费、成本收益约束等市场机制来提高养老服务的效率和质量。2014 年 9 月 3 日中国财政部等四部门下发《购买养老服务工作的通知》，加快推进政府购买养老服务工作，便是采用市场机制发挥市场在养老资源配置中的作用以提高养老服务效率和质量的有效方式。

（五）社会保险的消费特性及其对供给方式的影响

社会保险包括养老保险、医疗保险、工伤保险、生育保险、失业保险。社会保险具有强制性、非营利性和普遍性，与商业保险相比，在一定程度上可以降低保险费和逆向选择。《中华人民共和国社会保险法》规定，国家建立基本养老保险、基本医疗保险、工伤保险、失业保险、生育保险等社会保险制度，保障公民在年老、疾病、工伤、失业、生育等情况下依法从国家和社会获得物质帮助的权利。用人单位和个人依法缴纳社会保险费（工伤保险费、生育保险费只由用人单位缴纳，职工不缴纳），个人依法享受社会保险待遇，国家多渠道筹集社会保险资金，县级以上人民政府对社会保险事业给予必要的经费支持，国家通过税收优惠政策支持社会保险事业。[1] 社会保险是国家通过立法强制建立的社会保险基金，任何社会公民如果不劳动或不缴纳社会保险费，按照相关法律规定，就不能享受社会保险待遇。而社会保险基金每增加一个消费者就会减少他人对该社会保险基金的消费数量和质量，具有很强的排他性和非共用性（竞争性），属于典型的个人物品（见表 3-1）。

社会保险往往由立法部门作出规定，由公共部门组织实施，由劳动者、用人单位、社会组织等共同参与实施和监督。其本身在一定程度上利用市场机制的激励作用和社会合作的互助机制，建立起了为丧失劳动能力、暂时失去劳动岗位或因健康原因造成损失的人口提供收入或补偿的再分配制度，有力地保证了物质及劳动力的再生产和社会的稳定。个人物品采用市场提供具有可行性。现实中，社会保险服务是由政府及相关公共组织，地方政府的劳动和社会保障局及其直属全额拨款的事业单位（养老保险经办机构、医疗、工伤和生育保险经办机构）医疗保险中心、社会保险局等直接负责医保报销结算、养老保险等事宜，但医疗保险报销结

---

① 《中华人民共和国社会保险法》，2011 年 7 月 1 日。

算，尤其是大病医疗保险的报销结算具有很强的专业性，医疗保险经办机构的专业技术能力保障不及商业保险机构强，大病医疗保险服务商业化可以提高服务效率和质量。

（六）公共安全的消费特性及其对供给方式的影响

在很大程度上，国防、警察、消防等公共安全服务消费者数量的增加或减少，对这些公共安全服务供给成本的增加或减少的影响不大，对其他消费者享受这些公共安全服务的收益的增减的影响也不大，因此，可以认为公共安全具有很强的非竞争性或物品共用性，且国防、警察、消防等公共安全服务的排他成本极高，排他性很弱。所以，公共安全服务是典型的集体物品（见表3-1），采用使用者付费缺乏可行性，由市场提供缺乏成本收益的激励效力，由政府及相应公共组织直接提供公共安全服务具有更多的优势。即便如此，公共安全服务（至少部分公共安全服务）仍然可以采用政府购买服务的方式来向消费者提供，从而提高各方的投资生产积极性、生产效率和质量。

（七）公共设施、交通、文化的消费特性及其对供给方式的影响

高速路、铁路、城市道路、乡村道路与公共文化、体育、生活、市政等公共设施建设项目以及陆路、水路、航空等公共交通服务的消费特性尽管有很强的一致性，但有一定差异。高铁、高速路和高等级公路等使用效率高、排他成本较低的公共交通设施服务在一定程度上具有共用性或非竞争性，并都具有较强的排他性，属于可收费物品（见表3-1），适宜采用使用者付费的市场机制提供。对于城市道路、乡村道路及其他相似的文化、生活设施、市政等公共设施而言，其使用的排他成本极其高昂，采用使用者付费缺乏可行性，且具有很强的共用性，缺乏成本收益约束的市场机制，市场提供难以保证服务效率和质量，这些公共物品由市场直接提供不具有可行性，宜采用政府或相应公共组织直接提供。

即便如此，城市道路、乡村道路及其他相似的文化、生活设施的生产环节仍然可以采用政府购买服务或政府和社会资本合作模式（以下简称PPP模式）等方式来向消费者提供，从而提高各方的投资生产积极性、生产效率和质量。城乡公交、轨道交通、航空、水路等客运货运公共交通

服务以及天然气供应、供热、供水、排水等市政服务具有很强的排他性，并在一定范围内具有非竞争性。但城市轨道交通（地铁、轻轨等）、公共汽车、出租车（的士）等客运货运公共交通服务的共用性因不同交通工具运载能力的差异而有所差异，轨道交通的共用性相对较强，公共汽车的共用性相对较弱，而出租车（的士）的共用性很弱，但三者都具有很强的排他性。因此，可以认为出租车（的士）具有个人物品的性质，轨道交通和公共汽车具有可收费物品的性质；城市轨道交通（地铁、轻轨等）、公共汽车、出租车（的士）等公共交通服务宜采用使用者付费及成本收益约束机制来提高服务供给的意愿和效率。

（八）劳动就业的消费特性及其对供给方式的影响

作为公共服务的劳动就业分为两个层面，一是就业岗位的产生和提供，这需要政府通过财政、货币、产业政策等的调控和扶持不断增加就业岗位，以满足劳动者的就业需求；二是劳动就业的主管部门和社会经济组织等为劳资双方提供信息中介服务、职业介绍、就业创业培训和就业安置等，从而促进劳动者更加充分地就业和用人单位用工需求的满足。第一个层面的劳动就业服务，即就业岗位的提供，相对具有宏观性，排他性较弱，共用性也较弱，属于共用资源。作为共用资源的就业岗位与自然资源有较大区别，比如山林资源和江河湖泊中的鱼类资源被人滥伐滥捕，公共组织难以监管，市场组织也难以有效激励；而就业岗位需要人力资源能力等的匹配，且有各用人单位的人力资源管理，就业岗位的供需可以通过公共组织宏观调控，也能通过用人单位和劳动者等微观主体进行市场的自我调节。因此，就业岗位提供需要采用政府等集体行动方式和市场调节机制的共同作用。而职业介绍和职业培训的排他性强，共用性较弱，属于个人物品（见表3-1），应该尽可能地采用使用者付费的支付方式和成本收益约束的市场机制，职业介绍和职业培训服务将更加有效率、有更好的服务质量（见表3-3）。表3-1所示的劳动就业主要指职业介绍信息服务和职业培训服务等第二个层面的内容。

表3-3 主要类别劳动就业服务的消费特性

服务种类	排他性	共用性	物品类别
就业岗位提供	弱	弱	共用资源

服务种类	排他性	共用性	物品类别
职业介绍	强	较弱	个人物品
职业培训	强	较弱	个人物品

注：程度由强到弱依次分为强、较强、较弱和弱四个层次。

（九）最低生活保障的消费特性及其对供给方式的影响

最低生活保障是指国家对家庭人均收入低于当地政府公告的最低生活标准的人口给予一定现金资助的社会保障制度。最低生活保障排他性很强，共用性很弱，属于个人物品，应该尽可能地采用使用者付费的支付方式和成本收益约束的市场机制，主要采用政府现金补助，使用者通过自由市场自主保障基本生活。

三　结论

本节的分析表明，公共安全及少数公共卫生防疫项目是典型的集体物品，乡村道路、城市道路及其他相似的生活、文化基础设施以及公共文化活动等也具有排他成本高、共用性较强的特性，不适宜采用使用者直接付费的支付方式，缺乏成本收益约束的市场激励机制，适宜由政府及相应的公共组织直接提供。即便如此，这类公共服务的生产环节仍然可以采用政府购买服务、PPP的模式来向消费者间接提供，从而提高各方对这类公共服务的投资生产积极性、生产效率和质量。就业岗位具有部分共用资源和集体物品的性质，适宜在政府的调控下由市场组织提供（见表3-3）；此外的绝大多数公共服务项目都具有个人物品或可收费物品的性质，可以采用使用者付费的支付方式和成本收益约束的市场机制来激励生产和约束消费，但其是否适宜采用市场组织提供，还要视其交易因素、人为因素和社会特性等而定。

第三节　公共服务的种类与交易因素、人为因素

本节在分析消费特性的基础上，主要针对表3-1中可收费物品和个人物品的交易因素、人为因素展开分析，从而探析各类公共服务（物品）

所适宜采用的供给方式和组织形式。

一 交易因素与组织形式

新制度经济学认为市场组织和科层组织是组织经济活动的两种主要制度形式。在科层组织与市场组织相互替代的过程中，两种组织也在相互交融、相互结合，产生了一种介于两者之间的新经济活动制度安排——网络组织，从而打破了传统的"两分法"，逐渐向市场、网络组织和科层组织的"三分法"迈进。[①] 公共服务因其物品消费特性、用途、自然环境和社会环境的差异，而具有不同的交易需求和交易特性，因此公共服务供给的组织形式应该根据公共服务的消费特性以及在特定环境下的交易因素综合采用科层组织形式、网络组织形式和市场组织形式。

（一）组织费用与交易费用

市场组织和科层组织的基本运行方式和手段有着巨大的差异，市场是由价格机制指导的自动协调，而科层组织则是直接的等级性权力的配置。无疑，企业和政府具有共同的组织特征，都是科层组织。科斯认为，"企业的显著特征就是作为价格机制的替代物"[②]。在本质上，企业（或者政府）和市场都是一种契约，而市场上的契约是一种短期契约，企业（或者政府）内部的契约是生产要素所有者之间一系列相对长期的契约的组合。企业（或者政府）和市场只不过是具有相同职能的适宜不同情景的并能互相替代的两种机制，而且都是需要费用的，企业（或者政府）运行需要组织费用，市场运行需要交易费用。企业（或者政府）的边界取决于组织费用与交易费用的比较，企业（或者政府）的边界在于边际组织费用与边际交易费用相等的那一点上。可见，企业（或者政府）和市场是由交易费用所决定的可相互替代并相互竞争的两种组织经济活动的制度安排。因此，组织社会生产活动的最优制度结构必然是科层组织和市场

---

① 张本照、杨雪：《基于改进 DEA 的我国传统产业技术创新效率研究》，《北京邮电大学学报》（社会科学版）2008 年第 5 期。

② ［美］罗纳德·哈里·科斯：《企业、市场与法律》，盛洪、陈郁等译，上海三联书店1990 年版，第 4 页。

机制的有机结合。①

（二）交易因素与组织形式

威廉姆森将决定交易费用的因素分成人为因素和交易因素。人为因素包括交易主体的有限理性和机会主义倾向等；交易因素主要包括潜在交易对手的数量、市场的不确定性、资产专用性程度、交易频率等。资产专用性程度越高，资产拥有者对机会主义行为所造成的伤害的承受能力越脆弱，交易失败导致资产拥有者的损失越大，在这种情况下，关系契约将有效地防止机会主义行为和交易失败的发生。有限理性和机会主义的存在决定契约是不完全的，企业、政府等科层治理能够消除或至少减少资产专用性使用过程中的机会主义以及由此产生的不确定性问题。"企业或许就是在期限很短的契约不能令人满意的情形下出现的"②，"如果没有不确定性，企业的出现似乎是不可能的"③，因此，在不确定性很高的环境下，采用政府、企业等科层组织来对资源进行配置是非常必要的。如果资产专用性程度不高并且交易频率很低，交易双方就没有必要维持长期关系，双方的具体身份也不重要，那么市场治理就是较为有效的方式。

综上所述，如果不确定性越高、交易频率越高和对特定资源依赖程度越高，采用企业、政府等科层组织方式比市场组织方式更加有效；反之，则市场组织方式更为有效；而对于处在这两极之间的交易行为，则采用网络组织方式更为有效。网络组织是在现代信息通信技术的支撑下，由基于共同的目标或利益的组织实体联合而成的、通过价值链的共享以实现其目标或利益的组织实体集合。网络组织比市场组织稳定，比层级组织灵活，是一种介于市场组织和企业层级组织之间的新的组织形式（见表3-4）。因此，公共服务的组织形式应该根据公共服务的交易因素综合采用科层组织形式、网络组织形式和市场组织形式。④

---

① 谢来位：《论公务用车管理的组织模式选择——基于网络组织理论的视角》，《吉首大学学报》（社会科学版）2012年第6期。

② ［美］罗纳德·哈里·科斯：《企业、市场与法律》，盛洪、陈郁等译，上海三联书店1990年版，第7页。

③ ［美］奥利佛·威廉姆森、斯科特·马斯腾编：《交易成本经济学》，李自杰、蔡铭等译，人民出版社2008年版，第8页。

④ 谢来位：《论公务用车管理的组织模式选择——基于网络组织理论的视角》，《吉首大学学报》（社会科学版）2012年第6期。

表 3-4　　　　　　　科层组织、网络组织、市场组织比较

组织特征	科层组织	网络组织	市场组织
资产和资源	高资产专用性，不易交易	适度高资产专用性	低资产专用性，易于交易
交易频率	长期时间模式，高概率反复	中等偏长期，可变的反复	短期时间模式，低概率反复
联系	不间断；通过渠道（垂直）；一点到多点或多点到一点	当需要时；直接；多点到多点	短期存在；直接；多点到多点
潜在交易对手数量	少，固定	较多，相对固定	多，不固定

二　主要类别公共服务的交易因素

个人物品和可收费物品具有排他性，具备了采用消费者直接付费的市场方式予以提供的消费特性，但是因为不同种类的公共服务（物品）在特定自然环境和社会环境下是采用科层组织提供还是采用市场组织、网络组织提供，还受到交易因素、人为因素和社会因素等的制约。

（一）公共服务的交易环境差异

由于我国当前政治、经济、社会、文化发展的严重不平衡性和各区域自然环境（山区、丘陵、高原还是平原等）的巨大差异，各种公共服务的需求和规模效益以及相应的公共服务生产者的可得性（生产者的多寡）、服务所容许的竞争程度、服务规模、收益和成本的关联度（付费对消费的制约程度）、服务对消费者的回应性、服务对政府指导的回应性以及经济公平和社会公平等一系列因素决定着某项服务采用哪些方式来提供效果最好。尽管城市之间以及城市的不同区域之间在各方面的发展上也有差异，更别提农村本身因是山区、丘陵、高原还是平原等在人口密度和公共服务生产条件等方面有巨大差异，即使是相似地理环境的农村因其区位和历史等多种原因，也都导致不同农村地区之间在发达程度上有巨大的差异。但因城市和农村在人口密度、产业分布、生产生活方式等方面的差异比城市或农村内的差异都明显，本课题为研究的简便，将环境分为二分变量，即城市和农村，来分别讨论各类主要公共服务在不同环境下的供给方式问题。

表 3-5　　　　　　　　　　主要类别公共服务的交易因素

公共服务 种类	需求的不确定性		交易（需求）频率		资产专用性程度		潜在的交易 对手数量		市场机制的适宜性	
	城市	农村	城市	农村	城市	农村	城市	农村	城市	农村
基础教育	低	低	较高	较高	较低	较低	多，易交易	少，不易交易	强	弱
医疗服务	较高	高	较低	较低	高	高	多，易交易	少，不易交易	较强	弱
住房保障	较低	较高	较低	低	较低	较低	多，易交易	少，不易交易	较强	弱
养老服务	低	较低	较高	较高	较低	较低	多，易交易	较少，不易交易	强	较强
社会保险	高	高	低	低	高	高	多	少	较低	低
公共交通	较低	较高	较高	较低	较高	较高	多，易交易	少，不易交易	较强	较低
就业服务	较低	较低	较低	较低	低	低	多，易交易	少，不易交易	强	较强
最低生活保障	较低	较低	较高	较高	低	低	多	较多	强	强

注：程度由强（高）到弱（低）依次分为强（高）、较强（高）、较弱（低）和弱（低）四个层次。

（二）主要类别公共服务的交易因素比较

基础教育的服务需求的确定性较高，一个地区的人口的年龄结构、性别结构和服务需求结构等相对来说比较确定，因此，基础教育的发展规划相对来说可以有较强的预期和确定性，便于政府及相关公共组织有计划地发展和提供。无论在农村还是城市，基础教育特定的学校与学生间的交易频率较高，基础教育服务的供给方与需求方相对较确定，存在一定的对较长的关系契约的需求。基础教育的资产专用性程度不是很高，教室、教师办公室、学生宿舍、运动场、食堂以及各种教学设备等校舍设施设备中的绝大部分除了能用于教学外，还能转作其他用途，过剩的校舍及运动场转作养老服务机构的开设场地，改造成本不会太高。

但城乡有一定的差别，过剩校舍等设施在城市有更多的需求选择，容易转为他用，在农村相对来说，不易找到合适的交易对象，转为他用的难度更大。基础教育服务潜在的交易对手数量在城市和农村有明显差异，在城市，学校数量多，适龄学生数量也多，潜在交易对手数量多，双方可选择余地大；而在农村，学校数量少，适龄学生数量也少，潜在交易对手数量少，双方可选择余地小。因此，在农村的基础教育很难形成市场竞争，市场机制难以发挥作用。在农村的基础教育投入的抗风险能力和规模效益较低，社会或市场投入的积极性不高，科层组织或网络组织是比较适宜的组织形式。在城市的基础教育的服务需求的确定性高，基础教育投入的抗风险能力和规模效益高，社会或市场投入的积极性会高一些，且城市人口和学校分布密集，具备市场竞争的条件，因此，在投入、供给环节可以引入市场机制，来提高教育质量和效率，降低基础教育的成本和价格（见表3-5）。

医疗服务需求的不确定性高，对于个体而言，绝大多数疾病或医疗服务需求的发生时间是不确定的。但一个地区的人口的年龄结构、性别结构和部分医疗服务需求结构等相对来说比较确定，因此，对于一个区域而言，医疗服务的发展规划相对来说可以有较强的预期和确定性，便于政府及相关公共组织有计划地发展和提供。但农村和城市有明显差异，城市人口密集、总量大，而农村人口稀少，通过概率论来看，城市医疗服务需求的确定性要高于农村。无论在农村还是城市，相对特定的个人而言，多数人医疗服务的交易频率较低，患者与医院之间形成中长期契约关系的需求不强烈。医疗服务的资产专用性程度较高，医疗机构的部分设施设备除了能用于医疗外，难以转作其他用途，但过剩的住房及场地设施转作养老服务机构的开设场地，改造成本不会太高。

不过，城乡有一定的差别，过剩住房设施及场地等设施在城市有更多的需求选择，容易转为他用，在农村相对来说，不易找到合适的交易对象，转为他用的难度更大。医疗服务潜在的交易对手数量在城市和农村有明显差异，在城市，医疗机构数量多，患者数量也多，潜在交易对手数量多，双方可选择余地大；而在农村，医疗机构数量少，患者数量也少，潜在交易对象数量少，双方可选择余地小。从供给方看，医疗服务任由市场供求关系来决定，可能出现富人的疾病会自发地吸引更多的医疗服务资源，富人的疾病能够得到更好的治疗保障，而不需要投入太多资源即可防治的穷人的小病，却由于无利可图而无法吸引医疗资源造成医疗服务资源不足，导致穷人治不起小病。

因此，在农村的医疗服务很难形成市场竞争，市场机制难以发挥作用；在农村的医疗服务投入的抗风险能力和规模效益较低，社会或市场投入的积极性不高，科层组织或网络组织是比较适宜的组织形式。在城市的医疗服务需求的确定性高，医疗服务投入的抗风险能力和规模效益高，社会或市场投入的积极性会高一些，且城市人口和医疗机构分布密集，具备市场竞争的条件。因此，在投入、供给环节可以引入市场机制，来提高医疗服务质量和效率，降低医疗服务的成本和价格（见表3-5）。

住房保障内容丰富、形式多样，本节以当前比较典型的公租房为例，开展分析。住房需求的确定性高，中低收入群体对公租房的需求比较强烈。且一个地区的人口的年龄结构、收入结构、住房保有量和住房缺口等相对来说比较确定，因此，对于一个区域而言，保障性住房的发展规划相对来说可以有较强的预期和确定性，便于政府及相关公共组织有计划地发展和提供。但农村和城市有明显差异，城市人口密集、总量大，而农村人口稀少，且随着城市化的加剧，农村人口不断地向城市转移，城市住房需求及其确定性要高于农村。

无论在农村还是城市，相对特定的个人而言，多数人住房需求的交易频率较低，住户与开发商或者公租房管理机构之间形成中长期契约关系的需求不强烈。保障性住房的资产专用性程度较低，但城乡有一定的差别，过剩住房设施及场地等设施在城市有更多的需求选择，容易转为他用，相对来说，在农村不易找到合适的交易对象，转为他用的难度更大。保障性住房潜在的交易对手数量在城市和农村有明显差异，在城市，人口众多，保障性住房供给量和居住点也相对较多，潜在交易对手数量多，双方可选择余地大；而在农村保障性住房供给量和居住点的数量少，住户数量也少，潜在交易对手数量少，双方可选择余地小。因此，在农村的保障性住房的市场竞争不充分，市场机制发挥作用的空间不大；在农村的保障性住房投入的抗风险能力和规模效益较低，社会或市场投入的积极性不高，科层组织或网络组织是比较适宜的组织形式。在城市的保障性住房需求的确定性高，保障性住房投入的抗风险能力和规模效益高，社会或市场投入的积极性会高一些，且城市人口和保障性住房分布密集，具备市场竞争的条件，因此，在投入、供给环节和公租房运营管理环节可以引入市场机制，来提高住房管理服务质量和效率，降低住房管理服务的成本和价格（见表3-5）。

养老服务需求的确定性高，一个地区的人口的年龄结构、老人的数量及老人的收入状况等相对来说比较确定，因此，对于一个区域而言，养老服务产业的发展规划相对来说可以有较强的预期和确定性，便于政府及相关公共组织有计划地发展和提供。但农村和城市有明显差异，城市人口密集、总量大，而农村人口稀少，且随着城市化的加剧，农村人口不断地向城市转移，且城镇居民的收入水平高于农村，当前城镇人口的老人的退休待遇比农村老人的收入的整体水平要高且更加稳定，城市养老服务需求及其确定性要高于农村。无论在农村还是城市，相对特定的个人而言，多数老人养老服务需求的交易频率较高，老人与养老服务机构或服务组织或服务人员之间形成中长期契约关系的需求较强烈。养老服务的资产专用性程度较低，但城乡有一定的差别，过剩住房设施及场地等设施在城市有更多的需求选择，容易转为他用，在农村相对来说，不易找到合适的交易对象，转为他用的难度更大。养老服务潜在的交易对手数量在城市和农村有一定差异，在城市，人口众多，养老服务供给量和养老机构、服务人员也相对较多，潜在交易对手数量多，双方可选择余地大；而在农村养老服务供给量、居住点和服务人员的数量少，老人居住也相对分散，潜在交易对手数量少，双方可选择余地小。

因此，在农村的养老服务的市场竞争不充分，市场机制发挥作用的空间不及城市大；在农村的养老服务投入的抗风险能力和规模效益较低，社会或市场投入的积极性不高，科层组织或网络组织是比较适宜的组织形式。在城市的养老服务需求的确定性高，养老服务投入的抗风险能力和规模效益高，社会或市场投入的积极性会高一些，且城市人口和养老服务资源分布密集，更具备市场竞争的条件。因此，在投入、供给环节和养老服务运营环节可以引入市场机制，来提高养老服务质量和效率，降低养老服务的成本和价格（见表3-5）。

社会保险内容丰富、形式多样。养老保险的确定性高，资产的专用性程度低，交易频率高，潜在交易对手及其数量等都比较确定。因此，养老保险的供给方式及其制度保障问题不突出，不是本节的研究重点。本节以当前比较典型的医疗保险尤其是大病保险为例，开展分析。就个体而言，就最终发生保险理赔而言，医疗保险服务尤其是大病保险服务的不确定性很高。但就整体而言，概率论表明，医疗保险服务需求的确定性较高，因此，对于一个区域而言，医疗保险服务行业的发展规划相对来说可以有较强的预期和确定性，便于政府及相关公共组织有计划地发展和提供。无论在农村还是城市，相对特定的个人而言，虽然多数人医疗保险服务的交易频率较低，但不确定性高，被保险人与保险服务机构之间形成中长期契约关系的需求较强烈。医疗保险理赔等服务的资产专用性程度较高，具有很强的专业技术性，对中长期关系契约的需求很强烈。医疗保险服务潜在的交易对手数量在农村和城市有一定差异，城市人口密集、总量大，而农村人口稀少，居住分散，医疗机构分散，且转诊频率高，又随着城市化的加剧，农村人口不断地向城市转移，农村医疗保险服务的成本支出高于城市。无论在城市还是农村，医疗保险服务中市场机制发挥作用的空间不大；大病保险需要做大保险基数，需要与商业保险加强合作，做大保险基金总量，增强大病保险理赔能力（见表3-5）。

公共交通服务的内容很复杂，难以一概而论。对于城市道路、乡村道路及其他相似的文化、生活设施、市政设施而言，其使用的排他成本极其高昂，采用市场机制难以保证服务效率，这些公共物品由市场提供不具有可行性，宜采用政府或相应公共组织直接提供，因此在本节不再予以讨论。对于高铁、高速路和高等级公路以及城市轨道交通（地铁、轻轨等）等而言，其在交易因素上比较一致，其需求的不确定性在农村较高，在城市较低；交易的频率在农村较低，在城市较高；资产专用性程度都高，潜在交易对手的数量在城市多，在农村较少，公共汽车、出租车（的士）等公共交通服务的资产专用性程度较高铁、高速路和高等级公路以及城市轨道交通（地铁、轻轨等）低，其他方面的交易因素与高铁、高速路和高等级公路以及城市轨道交通（地铁、轻轨等）相似。因此，在城市或发达地区在公共交通服务中引入市场机制的可行性较大，在农村或欠发达地区规模效益和抗风险能力较低，缺乏社会或市场投资的积极性，在公共交通服务中引入市场机制的空间相对小些（见表3-5）。

就业信息提供、职业介绍和职业培训服务等需求有一定的不确定性，对于个体而言，多数人失业下岗的发生时间是不确定的。但整体而言，一个地区的人口的年龄结构、就业状况和毕业生的就业服务需求状况等相对来说比较确定，因此，对于一个区域而言，劳动就业服务的发展规划相对来说可以有较强的预期和确定性，便于政府及相关公共组织有计划地发展和提供。无论在农村还是城市，相对特定的个人而言，多数人劳动就业服务的交易频率较低，资产专用性程度不高，劳动就业服务的部分设施设备除了能用于劳动就业服务外，容易转作其他用途。但劳动就业服务潜在的交易对手数量在城市和农村有一定差异，在城市，就业服务机构数量多，求职者数量也多，潜在交易对手数量多，双方可选择余地大；而在农村，就业服务机构数量少，求职者数量也相对较少，且相对分散，潜在交易对手数量少，双方可选择余地小。因此，在农村劳动就业服务较难形成市场竞争，市场机制发挥作用的空间相对较小；在农村劳动就业服务投入的抗风险能力和规模效益较低，社会或市场投入的积极性较低，科层组织或网络组织是比较适宜的组织形式。在城市劳动就业服务投入的抗风险能力和规模效益较高，社会或市场投入的积极性会高一些，且城市人口和劳动就业服务机构分布密集，更加具备市场竞争的条件。因此，在投入、供给环节可以引入市场机制，来提高劳动就业服务的效率和质量，降低劳动就业服务的成本、价格和盲目性（见表3-5）。

最低生活保障方面，低收入和无收入群体的基本生活消费的确定性较高，交易的频率较高，资产专用性程度低，但不同个人生活的偏好差异较大，在城市潜在交易对手数量多，即使在农村偏远地区，潜在交易对手数量较少，但市场大多都能满足基本生活需要。因此，最低生活保障适宜政府兜底给予现金补助，由自由市场提供其基本生活的自主消费是最佳组织形式。

三　主要类别公共服务的人为因素

由于人的有限理性、公共服务供给与需求双方信息的不对称性以及机会主义的存在，公共服务契约是不完全的，不同种类的公共服务契约的签订和实施在充分利用市场所提供的价格机制进行自动协调的同时，不同程度地需要政府及相关公共组织利用直接的等级性权力对公共服务资源进行配置和对交易双方的行为进行监管，以求交易双方和公共利益的最大化。

（一）公共服务的人为因素及环境差异

各类主要公共服务的排他性和共用性特征对公共服务的提供方式的选择的科学合理性产生着重要影响，而交易因素对适合采用市场竞争机制的各类主要公共服务的具体提供方式的选择和组织形式的构建的科学合理性产生重要影响。人为因素包括有限理性和机会主义的客观存在对政府的适度介入，尤其是对公共服务供给的各个环节构建较为完善的组织制度、合同制度、监管制度等提出了强烈要求。由于人的有限理性，个体的信息、知识、预见、技能和时间等各方面的局限，公共服务供给过程本身应该具有更强的连续性和组织性以不断弥补有限理性的局限，从而通过连续的修正行为来提高公共服务供给过程的效率和公平性。在信息不对称、有限理性下，公共服务的安排者、生产者、合作者和消费者都可能产生背信弃义、恶意消费、合同欺诈、逃避责任、资源浪费、规避法律、钻空子等机会主义行为，发生道德风险和逆向选择等，从而导致公共服务成本的增加、公共服务资源的浪费、公共服务效率的损失以及对政府公共服务能力、政府公共形象和合法性的损害。

由于我国城乡之间、地区之间和各主要群体之间发展的严重不平衡，政府及相关公共组织、企业、公民等公共服务的生产者、消费者尤其是普通公民在知识层次、理性程度、诉求表达能力和监督能力等方面存在明显差异，农村居民的文化程度、见识、自信心、表达能力、分析能力等各方面与城市居民相比，存在一定差距。以此为基础，再加上农村的居住方式、生活方式、生产组织方式等与城市的差异，导致农村居民的个体监督能力和农村的社会舆论监督能力与城市居民的个体监督能力和城市的社会舆论监督能力有明显差异，这对机会主义行为的监督和抑制能力产生重要影响，从而影响着公共服务生产供给的效率和公平性。

表 3-6　　　　　　　　　　主要类别公共服务的人为因素

公共服务种类	信息的不对称性	产生机会主义倾向的可能性	消费者直接监督能力		社会舆论监督能力		消费者的理性消费能力	对政府直接介入的需求	
			城市	农村	城市	农村		城市	农村
基础教育	较弱	较弱	强	较强	强	较弱	较弱	较弱	较强
医疗服务	强	强	较弱	弱	较弱	弱	弱	较强	强
住房保障	较弱	较弱	强	较强	强	较强	较强	较强	较强
养老服务	较强	较强	较强	较强	强	较强	较强	较强	较强
社会保险	强	强	较弱	弱	较弱	较弱	弱	强	强
公共交通	较强	较强	较弱	弱	较弱	较弱	较弱	强	强
就业服务	较弱	较弱	强	较强	强	较弱	较强	较弱	较弱
最低生活保障	弱	弱	强	强	强	较弱	较弱	弱	弱

注：程度由强到弱依次分为强、较强、较弱和弱四个层次。

（二）主要类别公共服务的人为因素的比较

表 3-6 所列主要类别公共服务在服务的安排者、供给者、生产者、生产合作者及消费者等之间都不同程度地存在着信息的不对称、不完备

问题，但比较而言，由于医疗服务、医疗保险服务的专业技术性最强，其信息的不对称性强，产生机会主义的可能性强，无论城市还是农村，其消费者（患者及其亲属）直接监督制约以及社会舆论间接监督制约医疗服务和医疗保险服务的提供者的机会主义行为的能力都很弱。当然由于相关知识和人际关系影响的差异，农村居民的直接监督能力以及农村的社会舆论监督能力比城市居民更弱。养老服务和公共交通等的信息不对称性程度相对医疗服务要弱一些，基础教育、住房保障和就业服务的信息对称性更强一些，但都不同程度存在着消费者的直接监督能力不足以对服务供给行为的质量和价格等产生有效的监督效力，此时，就需要政府及其相关公共组织采取更加专业、更加有组织保障的集体行动来对相关公共服务交易双方的行为进行规范和监督制约，从而保障交易的公平和有效。

消费者的理性消费能力以及服务供给者的理性供给能力对表 3-6 所列的各项主要公共服务的生产供给效率产生重要影响。道德风险和逆向选择是其主要表现之一。为避免消费者恶意消费公共服务资源，对不具有共用性的各类公共服务产品实行使用者付费，可以促进理性消费，节约公共服务资源。这就必然要求政府及其相关公共组织生产、提供公共服务，而由消费者付费消费，但基本公共服务的社会性和公共性决定了，政府需要为消费者的支付能力承担责任。收入水平较低甚至失业的消费者的住房保障、医疗费用、基础教育、职业培训、公共交通、社会保险等支付能力十分有限，政府及其相关公共组织的补贴就显得十分重要。

但因为要尽可能保证消费者的选择权，促进公共服务生产者之间的竞争，政府的相关补贴最好能采用使用者付费的市场机制来实现。然而，当将政府补贴直接交给消费者支配时，消费者的理性消费能力同样会严重影响着这些资金的使用效率。当消费者享有公共服务资金的直接支配权时，部分消费者的理性消费能力有限，就可能发生将医疗健康、教育培训、养老和保险等资金用于吃喝玩乐等非理性消费，导致只顾及时行乐、不管长远利益的情况。因此，政府对消费者支付能力的保障方式就很重要，既要保障消费者的选择权但又要施加必要的限制约束以促进理性消费，使公共服务资源的使用更有效率。

第四节　公共服务的组织模式及
投资管理模式

试比较，一个外来务工人员生病了，他可以不需要任何行政审批等程序，顺利地在北京找到一个医院治病，而一个外来务工人员的子女，就很难顺利地在北京找到一个学校上学。当然，医院治病的费用可能较高，但他可以有医疗保险，义务教育上学是免费的，但没有学校能顺利入学，哪个好？原因何在？根本原因在于医疗服务市场化程度高，基础教育服务市场化程度低。当然公共服务引入市场机制，并不表明政府不承担责任，比如医疗保险平台、个人教育账户的建立。本节基于前述各类公共服务的排他性、非竞争性、交易的确定性程度、交易频率、资产的专用性程度、双方信息的完备程度、人的理性消费能力、监督能力等因素，简要总结各主要类别公共服务与科层组织形式、市场组织形式和网络组织形式等三大组织形式的适宜程度，与行政模式、半行政模式、政府购买模式、PPP模式、社会模式、市场模式等六大投资管理模式的适宜程度。

一　主要类别公共服务适宜的基本组织形式

根据前述基础教育、医疗卫生、住房保障、社会保障、公共安全、公共交通、劳动就业、公共文化、公共设施等各类公共服务的排他性、非竞争性、交易的确定性程度、交易频率、资产的专用性程度、双方信息的完备程度、人的理性消费能力、监督能力等因素，简要总结各类公共服务与科层组织形式、网络组织形式和市场组织形式的适宜程度。

当前基础教育无论城市还是农村都以科层组织为主，尤其城市和较发达农村地区应逐步向网络组织发展。当前公共卫生无论城市还是农村都以科层组织为主，应逐步向网络组织发展。当前医疗服务无论城市还是农村都以科层组织和市场组织为主，应逐步向网络组织发展。当前住房保障在农村是以自给自足的市场组织为主，城市以科层组织和市场组织为主，都应该逐步向网络组织发展。当前无论农村还是城市的养老服务都是以自给自足的市场组织和少量科层组织为主，应逐步向网络组织发展。当前的社会保险无论农村还是城市都是网络组织，已经是最适宜的组织形式。当前无论农村还是城市的公共安全服务都是科层组织，有极个别地方在探索网络组织,科层组织和网络组织是最适宜的组织形式。当前无论农村还是城市的公共设施、交通、文化服务根据具体服务项目分别采用科层组织、网络组织和市场组织,应该逐步减少科层组织形式,增加网络组织和市场组织形式。劳动就业培训和信息服务主要采用科层组织和市场组织形式,应该逐步减少科层和市场组织形式,增加网络组织形式。

尽管当前我国基础教育、公共卫生、医疗服务等诸多公共服务项目的直接提供者、生产者并非行政机构,而是以国有企事业单位为主,本研究仍将我国当前基础教育、公共卫生、医疗服务等公共服务项目的主要组织形式归为科层组织形式,主要是基于这些公共服务机构的建设、运营的投资及其领导干部、管理者、专业技术人员、普通职工的录用、选拔、培训、职称职务晋升、薪资报酬以及各项重大事项的决策等都是由相关主管部门、人事部门甚至是党委的相关部门直接控制和管理。可以认为,这些直接提供公共服务项目的国有企事业单位相当于是党委行政主管部门的下属单位。故不将这种组织形式归类为网络组织形式,而归类为科层组织形式(见表3-7)。

表3-7　　主要类别公共服务不同环境的组织形式和投资管理模式

公共服务种类		我国当前主要组织形式	最适宜组织形式	我国当前主要投资管理模式	最适宜投资管理模式
基础教育	农村	科层组织	网络组织	行政模式	半行政模式为主,社会模式为辅
	城市	科层组织	网络组织	行政模式	社会模式为主,半行政模式为辅
公共卫生	农村	科层组织	网络组织	行政模式	政府购买为主,半行政、社会模式为辅
	城市	科层组织	网络组织	行政模式	政府购买为主,社会模式为辅
医疗服务	农村	科层、市场组织	网络组织	半行政模式、市场模式	半行政模式为主,社会模式为辅
	城市	科层、市场组织	网络组织	半行政模式、市场模式	社会模式为主,半行政模式为辅
住房保障	农村	市场组织	网络组织	市场模式为主,行政模式为辅	半行政模式、社会模式
	城市	科层、市场组织	网络组织	市场模式为主,半行政模式为辅	社会模式

续表

公共服务种类		我国当前主要组织形式	最适宜组织形式	我国当前主要投资管理模式	最适宜投资管理模式
养老服务	农村	市场、科层组织	网络组织	市场模式为主，其他模式为辅	社会模式为主，其他模式为辅
	城市	市场、科层组织	网络组织	市场模式为主，其他模式为辅	社会模式为主，其他模式为辅
社会保险	农村	网络组织	网络组织	半行政、社会模式	半行政、社会模式
	城市	网络组织	网络组织	半行政、社会模式	半行政、社会模式
公共安全		科层组织	科层、网络组织	行政模式	行政模式为主，政府购买模式为辅
公共设施	农村	科层、网络组织	科层、网络组织	行政、半行政、PPP、政府购买模式	行政、半行政、PPP、政府购买模式
	城市	科层、网络场组织	科层、网络组织	行政、半行政、PPP、政府购买模式	行政、半行政、PPP、政府购买模式
公共交通	农村	市场、科层组织	网络组织	市场模式为主，半行政模式为辅	市场模式为主，半行政模式为辅
	城市	市场、科层、网络组织	网络、市场组织	市场模式为主，半行政、社会模式为辅	市场模式为主，半行政、社会模式为辅
公共文化	农村	科层、市场组织	网络、市场组织	行政、半行政、政府购买、社会、市场模式	行政、半行政、政府购买、社会、市场模式
	城市	科层、网络、市场组织	网络、市场组织	行政、半行政、政府购买、社会、市场模式	行政、半行政、政府购买、社会、市场模式
劳动就业	农村	科层、市场组织	网络组织	行政、半行政、政府购买、社会、市场模式	政府购买、社会模式
	城市	科层、市场组织	网络组织	行政、半行政、政府购买、社会、市场模式	政府购买、社会模式
最低生活保障	农村	科层、市场组织	网络、市场组织	行政、半行政、政府购买、社会、市场模式	行政、半行政、政府购买、社会、市场模式
	城市	科层、网络、市场组织	网络、市场组织	行政、半行政、政府购买、社会、市场模式	行政、半行政、政府购买、社会、市场模式

二　公共服务投资管理的六种基本模式

公共服务的多元组织形式，尤其是网络组织形式，必然要求公共服务投资主体、管理主体多元化，从而形成众多的网络节点。这就要求厘清公共服务的投资管理模式，在投资人、经营管理者和公共服务消费主体之间建立起清晰、规范的公共服务产权关系，从而健全公共服务投资、生产、管理、消费各环节的激励与约束机制。新制度经济学认为："产权的主要配置性功能是将受益和受损效应内在化。"[①] 因此，产权安排直接影响资源配置效率，一个社会的经济绩效如何，最终取决于产权安排对个人行为所提供的激励。根据公共服务投资主体、公共服务生产主体和直接管理主体以及公共服务的消费主体、消费方式之间的不同关系组合，可以将公共服务投资管理分为六种基本模式，而这六种模式与科层组织、网络组织和市场组织形式的不同组合将形成公共服务体制改革的基本思路和方向（见表3-7）。其中"行政模式""半行政模式"等主流模式是典型的公共财政供给侧投入，激励效力不足。

（一）行政模式——政府投入、政府管理、公民无偿消费

我国目前绝大多数的基础教育、公共卫生，少数医疗服务，公共安全，部分的住房保障、公共文化、公共生活设施、就业服务以及少数的养老服务等采用政府直接投入、由政府直接管理和控制的事业单位或国有企业直接管理和生产、公民基本无偿消费的"行政模式"。以基础教育为例，绝大多数地方的多数基础教育机构是公办性质，由政府直接投资兴办，其校舍建设、师资队伍建设、教学设施设备购置、日常运行等都由政府直接投资，教育主管部门直接管理，教育机构的领导干部、管理者、师资的录用、选拔、培训和职称职务晋升、薪资报酬以及机构重大事项的决策等都是由教育主管部门、人事部门甚至是党委的相关部门直接管理，尤其是教育机构对内部的薪酬管理等都基本无自主权，服务对象基本是无偿消费，本课题将这种投资管理模式定义为"行政模式"，是典型的公共财政供给侧投入。

---

① ［美］R. 科斯、A. 阿尔钦、D. 诺斯等：《关于产权的理论》，《财产权利与制度变迁——产权学派与新制度经济学派译文集》，刘守英等译，上海三联书店、上海人民出版社1991年版，第100页。

公共卫生、一些地方的廉租房等都是这种投资管理模式。尽管我们将教育医疗卫生等定性为"事业"，有地方将廉租房建设管理单位定性为"企业"，但其投资管理权责关系的实质是相同的，是典型的通过行政权力进行资源配置的方式，消费者基本无选择权，这种模式缺乏市场竞争。基础教育的生源、公共卫生的服务对象以及廉租房住户都是行政配置，学生或服务对象基本是无偿消费（或者付费远低于市场价格），学生或服务对象基本没有选择权。公办基础教育机构和公共卫生机构成本约束及效率提升的动力缺乏，对教职工和医务工作者的内部激励力也不强。

（二）半行政模式——政府投入、政府管理、公民有偿消费

我国目前多数的公办医疗服务，少数的基础教育，部分的住房保障（经济适用房、公租房等），绝大部分公共交通以及部分养老服务、公共文化、就业服务等采用政府直接投入、由政府直接管理和控制的事业单位或国有企业直接管理和生产、公民有偿消费的"半行政模式"。以公办医疗服务为例，由政府直接投资兴办，医院建设、医疗队伍建设、医疗设施设备购置、日常运行等都由政府直接投资，卫生主管部门直接管理，医疗机构的领导干部、管理者、医护人员的录用、选拔、培训和职称职务晋升、薪资报酬以及机构重大事项的决策等都是由卫生主管部门、人事部门甚至是党委的相关部门直接管理，医疗机构对内部的薪酬管理等也基本无自主权，患者有偿消费，本课题将这种投资管理模式定义为"半行政模式"，是典型的公共财政供给侧投入。这种模式仍然是通过行政权力进行资源配置，消费者有一定的选择权，存在有限的市场竞争。服务机构成本约束及效率提升的动力不足，对职工和医务工作者的内部激励力也不强。比较而言，医疗服务比基础教育的市场化程度相对高一些，患者有选择权，服务机构之间存在一定的竞争，比较接近"社会模式"。

（三）政府购买模式——民间投入、民间管理、政府购买、公民无偿消费

根据财政部、民政部、工商总局发布的《政府购买服务管理办法（暂行）》的定义，政府购买服务是指通过发挥市场机制作用，把政府直

接提供的一部分公共服务事项以及政府履职所需服务事项，按照一定的方式和程序，交由具备条件的社会力量和事业单位承担，并由政府根据合同约定向其支付费用。本项研究的"政府购买模式"是指公共服务项目的建设、生产、运营都由民间或社会资金投入，由私营企业等市场经营主体、国有企事业单位（不排除原来由政府投入的具备剩余生产能力的企事业单位利用既有生产条件、人力资源或设施设备自负盈亏生产经营）、社会组织等社会力量自负盈亏、自主经营管理提供公共服务，由政府根据合同约定向其支付费用，为社会或公民无偿提供公共服务。一般来讲，适用于政府购买模式的公共服务项目应该是具有排他困难或排他成本高昂的特征，否则，应该采用社会模式，让消费者直接付费消费。当然，有些项目也具有排他性，但鉴于消费者可能存在的非理性消费风险，比如健康体检、教育培训不被消费者重视而将该项费用挪作他用，这类具有排他性的公共服务项目也需要通过政府购买来"约束"消费。不过，这类服务项目的政府购买应尽可能保证消费者一定的自主选择权，比如过去一些地方采用的发放消费券、培训券、健康体检券。在信息化日趋发达的今天，这类公共服务可以采用专款专用的信息技术来加以"约束"，以实现消费者直接付费消费。该模式属于公共财政需求侧投入方式，当前正在大力推广，本质上属于广义的"社会模式"。

（四）PPP 模式——公私合作、受托管理、政府特许、公民有偿消费

公共基础设施、公用事业公私合作建设模式是公共部门和私人部门合作提供公共产品或服务。社会资本为了获得合理的投资回报，承担起设计、建设、运营、维护基础设施和提供公共服务等市场化的工作；政府方面负责基础设施、公共服务价格、质量监管，以长期激励相容的方式来实现公共利益的最大化，吸引、保障社会资本投入公用事业和公共基础设施建设。

2014 年 11 月 30 日，财政部公布了第一批政府和社会资本合作示范项目（PPP 示范项目）名单，2015 年 9 月 25 日财政部发布的《关于公布第二批政府和社会资本（PPP）合作示范项目的通知》确定了 206 个 PPP 示范项目。2014 年以来，我国在公共基础设施建设领域大力推行公私合作方式，公共部门与私营部门通过 PPP 模式发挥各自的优势，

共同分担风险、分享收益来提供公共服务。在燃气行业、大型水利水电、集中供热、城市供水排水、市政道桥、环境治理、垃圾处理、污水处理、高速公路、轨道交通、医院、搬迁改造、电厂、生态建设、学校、城镇开发、园艺公园建设、公租房建设、老年福利中心等领域，也都有不少以 PPP 模式实施的案例。PPP 主要分为外包类、特许经营类和私有化类三类。我国目前的政策动向表明，政府和社会资本的合作以特许经营类为主。目前规范文件将合作方定义为"社会资本"，不排除国有企业参与。PPP 模式的基本结构是政府与特殊目的公司（SPV）签订特许合同，实现项目和投融资主体之间的风险隔离，控制隐性债务风险，同时实现向私人资本的风险分散；可以减轻政府财政压力、平滑年度间财政支出波动；并有效借助私人部门的专业能力，有效解决财政直接投资效率方面先天劣势，规避私人部门道德风险。PPP 模式有效减轻公共财政供给侧投入的压力，为增加需求侧投入创造条件，本质上属于"社会模式"，正在大力推广。

（五）社会模式——民间（政府）投入、民间管理、政府建公共服务个人专用账户、公民有偿消费

就物品特性本身来讲，对于具备排他性特征的公共服务项目，包括基础教育、医疗服务、社会保障、住房保障、公共交通、高速公路等部分公共设施、部分公共文化、就业培训、养老服务等，都可以采用民间或社会资金投入，由私营企业等市场经营主体、国有企事业（不排除原来由政府投入的具备剩余生产能力的企事业单位利用既有生产条件、人力资源或设施设备自负盈亏生产经营）、社会组织等社会力量自负盈亏、自主经营管理提供公共服务，由公民直接有偿消费。而公民的消费能力由政府投入保障，可以由政府投入逐步建立公共服务资金个人专用账户，由个人自主选择服务机构通过转账支付而消费服务，是典型的公共财政需求侧投入。但这种方式的采用必须充分考量消费者可能存在的非理性消费风险、生产者的可得性（生产者的多寡）、服务所容许的竞争程度、服务规模、收益和成本的关联度（付费对消费的制约程度）、服务对消费者的回应性、服务对政府指导的回应性以及经济公平和社会公平等一系列因素来决定能否采用这种模式，或是否对这种模式进行必要的补充。因此，不少种类公共服务在采用社会模式的基础上，兼采半行政模式，给予公共财政补贴。当

前社会模式运用不广泛。

（六）市场模式——民间投入、民间管理、公民有偿消费、政府不承担经费保障

在一些不发达或欠发达国家或地区，公共服务保障水平低下，对于具备排他性特征的公共服务项目，包括部分私人教育、部分医疗服务、部分社会保障、部分住房保障、部分公共交通、部分公共设施、部分公共文化、部分就业培训、部分养老服务等，采用民间投入、民间管理、公民有偿消费、政府不承担公共经费投入和保障责任的"市场模式"。本研究报告将自给模式（比如自建住房）归为市场模式（本质相同）。基本公共服务的市场模式对于政府合法性是巨大挑战，这是政治经济社会发展水平较低阶段不得已而采用的模式。基本公共服务"市场模式"任由公民凭借个人能力和机会自生自灭，贫富差距和社会不平等无法缩小，反而会愈加严重。基本公共服务"市场模式"难以满足公共服务的政治性、公共性、公平性等基本要求。当前这种模式在逐步消失。

三 主要类别公共服务的投资管理模式分析

基础教育、医疗卫生、住房保障、社会保障、公共安全、公共交通、劳动就业、公共文化、公共设施等各主要类别公共服务在不同地区不同发展阶段都存在多样化的投资管理模式，现逐一做简要分析。

无论是中小学教育还是高等教育、职业教育、就业培训，其排他性强、共用性较弱的特性是相同的。在基础教育、中等职业教育的生产供给环节，采用使用者付费的市场机制建立起节约保护教育资源、提高教育服务质量、降低教育服务成本的激励约束机制，是可行的。但当前我国的基础教育和中等职业教育以及部分就业培训的投资管理模式是以行政模式为主，即政府投资、政府主管部门直接控制或管理教育服务机构、学生无偿消费（免费入学）。单从物品特性出发，基础教育和中等职业教育等应尽可能采用使用者付费等市场激励机制和成本收益约束机制予以提供。因此，具备条件的地方，基础教育、中等职业教育和部分就业培训应由政府承担主要责任，但具体的生产供给环节应该尽可能引入市场竞争机制，让消费者有较为充分的自主选择权。应鼓励以行政模式为主向以半行政模式、社会模式为主转变。通过政府投入逐步建立教育经费个人专用账户等

方式，保障个人教育支付能力，通过个人直接转账付费的方式保障个人自由选择教育服务机构的权利，从而增强教育服务机构之间必要的竞争和激励机制，来提高教育培训质量、降低培训成本。因农村的教育服务市场发展欠充分，农村可以采用以"半行政模式"为主，以"社会模式"为辅；城市可以以"社会模式"为主，以"半行政模式"为辅（见表3-7）。

对重大疾病尤其是传染病、地方病、职业病的预防、监控和医治，对食品、药品、公共环境卫生的监督管制以及相关的卫生宣传、健康教育、免疫接种等公共卫生服务的排他性较弱、共用性较强，当前的投资管理模式以"行政模式"为主。但公共服务需求主体缺乏选择权、公共服务供给主体缺乏竞争激励机制就难以提高服务的效率和质量。即使部分公共卫生项目不适宜采用使用者付费的方式来激励生产和约束消费，但其生产环节仍然可以采用政府购买服务的方式来向消费者提供，来提高各方的投资生产积极性、生产效率和质量。因此，公共卫生服务最适宜的投资管理模式，在农村应该以"政府购买模式"为主、半行政模式和社会模式为辅，在城市应该以"政府购买模式"为主、社会模式为辅（见表3-7）。

当前我国医疗服务既有公办的医疗服务机构，也有不少民营的医院、药房等医疗服务机构，无论公办还是民办，普通公民都是有偿消费，投资管理模式以"半行政模式"和"市场模式"为主，以社会模式为辅，采用了使用者付费等市场激励机制和收益成本约束机制，但政府在医疗服务中承担的投入保障责任不足，导致患者医疗负担过重。因为医疗服务具有更强的排他性，而且医疗服务的政治性、公共性和公平性很强，因此医疗服务的投资管理模式应该逐步减少"市场模式"，增加"社会模式"，既要鼓励较充分的竞争，给予患者自主选择权，又要由政府来承担主要的医疗保障责任（见表3-7）。

我国当前的住房保障是以半行政模式、市场模式为主。在城市，适用于中低收入群体的经济适用房、公共租赁住房等方式是半行政模式，廉租房基本上算"行政模式"，商品房是典型的市场模式。在农村绝大多数人基本上都是自给自足自建住房的市场模式，只有极少数"五保户"等特困群体由政府提供低水平的住房保障，算得上是"行政模式"。在城市，中低收入群体的住房保障都应由行政、半行政模式向社会模式转变。在农村，中低收入群体的住房保障应该逐步增加社会模式。社会模式的逐步推广要求加大住房公积金的推广力度，扩大住房公积金的覆盖面以及政府对中低（无）收入群体住房公积金的补贴力度。

当前我国的养老服务市场化程度很高，"五保户"等少数群体享有低水平的政府免费养老，或政府购买养老服务，可以说是行政模式和政府购买模式；绝大多数老人是市场模式，少部分老人由私人投资的养老机构提供有偿服务（只是近年来政府对养老机构给予了一定的财政补贴，可以算逐步向社会模式发展），大部分老人是靠家庭自给自足的方式养老，政府尚未承担投入责任，应该归为市场模式。养老服务具有很强的排他性，可以采用消费者直接付费的方式，但市场模式难以体现政府的责任性，而行政模式和政府购买模式难以实现消费者的自主选择权和直接监督权，不是最优模式，社会模式才是最优模式。因此，养老服务应该逐步向社会模式转变，采用以社会模式为主，以半行政模式、政府购买模式和市场模式为辅的投资管理模式。

社会保险是国家通过立法强制建立的社会保险基金，用人单位和个人依法缴纳社会保险费，个人依法享受社会保险待遇，国家多渠道筹集社会保险资金，县级以上人民政府对社会保险事业给予必要的经费支持，国家通过税收优惠政策支持社会保险事业。在中国当前各群体发展不平衡的社会转型阶段，我国政府对农民、城市灵活就业人员等的养老保险和医疗保险给予了直接的财政补贴。社会保险由公共部门组织实施，由劳动者、用人单位、社会组织等共同参与实施和监督，社会保险服务是由政府及相关公共组织，地方政府的劳动和社会保障局及其直属全额拨款的事业单位（养老保险经办机构、医疗、工伤和生育保险经办机构）医疗保险中心、社会保险局等直接负责医保报销结算、养老保险发放等事宜，是典型的网络组织形式。社会保险基金的投资管理模式属于社会模式，社会保险机构的建设管理具有半行政模式的性质。

国防、警察、消防等公共安全服务采用使用者付费缺乏可行性，由市场提供缺乏成本收益的激励效力，由政府及相应的公共组织直接提供公共安全服务具有更多的优势。当前我国的公共安全服务主要是行政模式，但公共安全服务至少部分公共安全服务仍然可以采用政府购买服务的方式来向消费者提供，从而提高各方的投资生产积极性、生产效率和质量。

当前我国的高速路、铁路、城市道路、乡村道路与公共文化、体育、生活、市政等公共设施建设项目因项目的性质不同分别主要采用行政模式、半行政模式、PPP 模式和政府购买模式，这应是适宜的投资管理模式组合。

当前我国的城乡公交、轨道交通、航空、水路等客运货运公共交通服务的投资管理模式是以市场模式为主，半行政模式为辅，城市比农村采用社会模式的情况要多些，比如，60 岁以上老人可以免费乘坐公共交通。应该说，这已经是适宜的投资管理模式。

当前我国公共文化服务的投资管理模式综合采用了行政模式、半行政模式、政府购买模式、社会模式和市场模式。公共文化服务因为种类性质、重要性程度和需求的同质性程度等的差异，分别采用不同的投资管理模式有助于提高服务供给的意愿、效率和质量。

不同地区的劳动就业的信息中介服务、职业介绍、就业创业培训和就业安置等服务综合采用了行政、半行政、政府购买、社会和市场模式进行投资管理，具有排他性的劳动就业服务应该尽可能地采用使用者付费的支付方式和成本收益约束的市场机制，职业介绍和职业培训服务将更加有效率、有更好的服务质量，应该更多地采用政府购买和社会模式。

第五节　公共服务协同供给制度
创新的本质要求

通过对各主要类别公共服务的社会属性、消费特性、交易因素、人为因素及其组织形式和投资管理模式的分析，本节对公共服务协同供给制度创新的本质要求做简要总结。

一　政府的主体责任

公共服务的公平性、公共性和政治性决定了政府在公共服务的安排、生产、供给中不可推卸的主体责任或者说第一责任。当然公共服务内容庞杂、种类繁多，其公共性程度和对公平性的影响程度都有明显差异，政府对各类公共服务承担的责任也有一定差异。有些公共服务的政府责任很多，无论是经费投入责任，还是计划安排、组织管理和监督责任，都得承担。比如政府在公共安全、基础教育、公共卫生、低收入群体的医疗服务等公共服务供给中是责无旁贷的"全责"；有些是"半责"，即在承担计划安排、组织管理和监督责任的同时，可以承担部分经费投入责任，公民个体承担其余部分经费，毕竟政府的财政收入最终来源于广大劳动者的劳动创造；有些是主要承担计划安排、组织管理和监督责任，其经费来源主要由消费者自己承担。尤其是因公共服务的交易因素和交易环境的差异，导致公共服务项目难以吸引私人主体或社会投资时，政府除了承担经费投入、计划安排、组织管理和监督责任外，还将承担直接生产供给的责任，即上文所述的"全责"。此外，在部分公民缺乏对必要的公共服务的理性消费选择能力时，政府还要为其承担理性选择的监督保障责任。总之，只要市场提供、社会提供不可行、效率低或质量不保的领域或环节，都得需要政府承担责任，政府是弥补市场和社会不足的当然主体。

二　消费者的选择权

公共服务消费者的选择权是指消费者可以根据自己的消费需求，依法自主选择公共服务项目和自己满意的公共服务机构为其提供公共服务。政府对公共服务的经费投入、计划安排、组织管理和监督的主体责任的承担方式的具体实现形式要根据公共服务项目的排他性、交易因素、交易环境和人为因素等综合考虑，最终要保证消费者的理性选择权的实现。消费者的选择权可以提高甚至保证公共服务对自己消费需求的针对性，以提高公共服务供需有效对接程度，以提高消费者对公共服务的满意度。消费者的选择权是促进生产者开展服务质量和服务价格竞争的基本途径。消费者对公共服务项目或机构的选择权的实现要求政府的经费投入方式尽可能地从对服务机构或服务项目的直接投入转变为间接投入，尽可能在公共服务消费环节建立使用者直接付费的机制，将政府的主体责任和消费者的自主选择权有机结合。这就对公共服务财政投入重心从供给侧向需求侧转移提出了强烈要求。当然，消费者对公共服务的选择权是一种有限选择权。

三　生产者的竞争性

政府承担公共服务的主体责任很容易导致对公共服务生产供给的垄断，尤其是有不少种类的公共服务很难建立消费者的选择机制，这就很容易导致公共服务难以满足消费者需求，降低公共服务满意度，浪费公共服务资源，难以提高公共服务的质量和效率，难以降低公共服务的成本和价格。提高生产者的竞争性的基本途径除了尽可能保障消费者的选择权外，还要加强必要的来自政府、社会和消费者的监督管理和考核评价。这就必然要求针对不同性质的服务项目，建立起科学的监督管理和考核评价机制，以提高生产者的竞争性，从而保障公共服务资源使用效率的最大化、公共服务消费者满意度的最大化。当然公共服务生产者的竞争虽然可能提高公共服务生产的效率和质量，但可能导致其他公共价值的损失，因此，公共服务生产者的竞争也将是有限的。

四　供需各方的协同动力

无论是哪类公共服务，尽管其消费特性、社会属性、交易因素和人为因素有所差异，这些差异决定了各类公共服务的安排者、生产者、管理者和消费者之间的相互关系，由此决定了各类公共服务的安排、生产、供给方式的差异，但所有公共服务的有效供给都要求明确政府在公共服务的主体责任，都要求进一步增强公共服务消费者的选择权和公共服务生产者之间的竞争性。在因客观条件制约，消费者的选择权和生产者的竞争性无法保障的情况下，政府的主体责任就显得更加重要。而这三者之间，消费者的选择权是根本，是决定性因素，生产者的竞争性是为消费者的选择权服务的，政府的主体责任是保障消费者的选择权和生产者的竞争性尽可能实现。政府及其部门在责任机制的约束下，消费者在选择机制的保障下，生产者在竞争机制的激励下，以消费者公共服务需求的满足为根本目标，将各方责、权、利有机结合，激发供需各方的主动性，实现公共服务协同供给，以提高公共服务供给的效率、质量、针对性和满意度。

部门利益是各部门提供公共服务的动力。因缺乏科学有效的利益协调和激励机制，部门合作动力不足，各自为政、争权夺利、互相推诿必然导致公共服务资源浪费、效率和公平缺失、质量和满意度低下，亟须体制机制创新激发公共服务协同供给动力以实现整体效应最大化。

公共服务面临城乡统筹、城市化、"人户分离"等严峻现实，制度创新要实现"以户籍为中心"向"以人为中心"的转变；面临"供需矛盾"的突出问题，制度创新要实现"以供给为中心"向"以需求为中心"的转变；面临"动力不足"的痼疾，制度创新要实现以"行政责任约束"为主的"单动力机制"向以"行政责任约束和财产权利激励"为主的"双动力机制"的转变。以政府主导的投入机制为核心的合理产权结构是公共服务高效运行的制度基础，各主体的成本收益能产生深层的激励动机，以弥补以"行政责任约束"为主的"单动力机制"的不足。

公共服务的社会特性决定了政府的公共服务责任，消费特性和交易因素差异决定了不同种类公共服务供给方式的差异。根据公共服务的社会特性、物品特性和交易因素，公共服务可分别或综合采用科层组织、市场组织、网络组织形式及半行政模式、政府购买模式、PPP 模式、社会模式等基本投资管理模式。

第四章　公共服务协同供给
面临的制度障碍

公共服务协同供给存在多个维度，而每一个维度的协同供给都需要相应的制度作支撑和保障。调查发现，当前我国公共服务在协同供给的主要维度上不同地区不同程度面临着一些制度障碍。

第一节　区域城乡公共服务协同供给
面临的制度障碍

我国经济社会文化发展不仅在东、中、西部之间存在巨大差距，而且在各地区内部各省、市、区之间以及在各省、市、区内部的地市、区县以及城乡之间都存在着巨大的差距，地区发展严重不平衡，这既为公共服务区域城乡协同供给带来强烈要求，又为公共服务体系的建设和发展、为公共服务区域城乡协同供给带来巨大障碍。

一　公共服务保障制度碎片化阻碍区域城乡协同供给

公共服务的公共性、公平性和经济性等特性对公共服务的全国统筹提出强烈要求，公共服务的统筹层次低严重阻碍了公共服务的公平性、经济性和人口流动性水平的提升。公共服务保障制度碎片化阻碍区域城乡协同供给。

（一）流动人口公共服务协同供给亟须建立"钱随人走"的公共财政制度

课题组对 CQ 市 JLP 区 MAHF 公租房社区的调查显示，2015 年入住居民 18704 户，共 40820 人，入住率已超 9 成。其中，本地户籍人口仅 4户 8 人。可见，"人户分离"现象十分突出。入住公租房社区的人群基本上是社会中低收入和最低收入人群，特别是低保户和廉租户家庭，很容易

因为突发的变故而让生活陷入困境。当他们陷入困境时，一方面，由于
"人户分离"的特殊性，他们在居住地社区无法享受和户籍人口一样的政
策，无法从居住地政府获得相应的救济和帮助。低保、临时困难救助、大
病救助等保障，目前只能在户籍地申请。而另一方面，对于户籍地政府来
说，这群人离开户籍地的时间都较为长久，户籍地对他们的生活现状又不
甚了解，无法对其困难状况进行实时掌握，也不能及时给予援助，往往会
让困难人群陷入"有难无人帮、政府不作为"的思维，从而对政府和社
区产生敌对情绪，大量相似遭遇的人群一旦聚集在一处，往往产生情绪共
振，激发出更多的不满情绪，这为社区稳定带来了极大挑战。

公租房社区入住了大量特殊困难人群，以 MAHF 社区为例，2016 年
3 月，该社区已经掌握的精神及肢体残疾人员有 243 人，刑满释放人员
283 人，吸毒人员 65 人，邪教人员 3 人，社区矫正人员 32 人。此外，还
有低保户 221 户 327 人，廉租户 331 户 666 人。这些人入住公租房社区
后，由于现居住地社区对其情况不甚了解，往往在相当长的时间里，无法
对其进行精准服务。而由于他们离开了户籍地社区，户籍地政府也会弱化
对他们的跟踪服务，从而造成他们被社会冷落和遗忘的心理感受。加上这
部分人群本身是低收入阶层，对政府的公共服务和福利政策有非常强的依
赖性，一旦失去依赖的公共救济资源，他们的生活质量更加无法保障，因
此便会滋生出越来越强烈的不满和仇视情绪，在合适的时机，他们会将不
满情绪爆发出来，并引发其他公租房弱势群体的共鸣，从而给社会稳定带
来极大挑战。公租房入住人群的特殊性，直接决定了公租房社区的公共服
务需求远远超出一般传统社区，为维护一方稳定，当地政府势必会在民生
建设、配套完善、文化建设、平安建设、阵地建设等各方面加大对公租房
社区的倾斜力度。以 MAHF 为例，社区自 2012 年 8 月组建以来，HY 镇
政府在各项民生上投入公租房的费用已近千万元，这笔投入几乎是 HY 镇
其他传统社区的 10 倍以上，这对当地财政造成极大负担，亟须完善地区
统筹以及"钱随人走"的公共财政制度。

（二）养老保险协同供给亟须建立全国统收统支的社保基金
制度

由于各统筹区域间的经济发展水平、人口结构、基本养老保险制度的
覆盖范围不同，从而引发缴费负担不公、责任分担失衡、基金余缺并存等

一系列问题。养老保险政策未全国统筹是阻碍养老保险服务实现区域协同供给的根本制度障碍。

我国养老保险分为县级统筹、市级统筹、省级统筹，截至 2015 年 4 月，尽管有 28 个省份建立基本养老保险省级统筹制度，但大部分地区仅止于制度或者通过很小比例的调剂金形式部分统筹，只有北京、上海、天津、重庆、陕西等 7 个省（市、区）实现了养老金省级统收统支，其他基本都是停留在县（市）级统筹阶段。① 统筹区域过于分散，各统筹地区之间缴费率不同、待遇标准、具体管理方式不尽相同，养老保险关系转移接续困难，社会统筹部分养老金不随人口流动全部转移，阻碍劳动力正常流动，制约养老保险覆盖面的扩大。

养老金的统筹层次过低，绝大部分资金都以财政专户形式留存在各地的社保基金账户上，资金越分散，抗风险能力就越弱；同时，由于统筹层次低，养老金的投资方式改革也无从谈起。目前，我国有 2000 多个社保统筹单位，很难集中管理运营，而 2010 年和 2011 年养老保险基金投资回报率不到 2%，没有跑赢通胀率，造成养老金严重缩水，导致缴费基数逐年上升，企业及个人负担加重。重庆市 2011—2014 年的缴费基数分别为 35326 元、40042 元、45329 元、51015 元，呈逐年上升趋势，按照 60% 的标准折算为个人缴费分别为 353 元、400 元、453 元、510 元，这就意味着四年来，若是以个人身份参加城镇企业职工养老保险，每月缴费从 353 元增加到了 510 元。

另外，根据我国的《劳动法》，企业应当为聘用的员工缴纳五险，其中养老保险企业缴纳的部分占到了工资比例的 20%，每年上升的缴费基数更是让不少中小企业苦不堪言，不少企业不得已虚报、瞒报员工信息，或者根本不给员工参加社会养老保险，甚至还有企业经营者让员工以个人身份参加养老保险并按最低档次缴纳养老保险来降低企业成本。这必然导致社会养老保险金收缴困难、覆盖面过低，陷入扩大覆盖面越来越难、费率越来越高的恶性循环。养老保险统筹层次低，导致养老金重复发放时有发生，存在跨省（市、区）重复领取养老金的情况。例如，某人已经在 A 省正式退休领取养老金，但该人早年曾在 B 省参加过工作，因为早年在

---

① 王晓慧：《养老保险全国统筹短板：仅七省市实现省级统筹》，《华夏时报》2015 年 4 月 22 日。

B 省并未参加养老保险，后根据 B 省政策，该人可以在 B 省以一次性缴纳的方式参加 B 省的养老保险，便能够以同一身份同时在 A 省和 B 省领取养老保险金。

由此可见，基本养老保险的全国统筹是养老保险制度改革的"牛鼻子"。

（三）大病保险政策统筹层次过低增加不确定性和承保成本

大病保险政策本身充分体现了不同身份的公共服务主体协同供给的优势，还体现了公共服务社会化和市场化等不同供给方式协同供给的显著优势。我国已有 27 个省份发布了针对大病医保制度的细则文件。但因医疗保险的统筹层次低，各地区的保障范围和保障水平差别过大，[①] 带来很强的不确定性，影响大病保险保障待遇的平等性和资金筹集持续性，致使地方政府收取各种招标费用，挤压险企盈利空间。险企之间的相互竞争也抬高了承保大病保险的成本。招标收费监管空白，大病保险利润缩窄。[②] 可见，大病保险亟须提高统筹层次和规范的统一性。

（四）部分流动人口学龄子女仍面临入学障碍

近年来，各地加强了对流动人口学龄子女教育权的保障，降低了流动人口学龄子女在流入地的入学门槛，减少了流动人口学龄子女在流入地的入学障碍，解决了大部分流动人口学龄子女入学难题。但相关政策的一些规定还是难以解决少数特殊情况的儿童入学问题。个别地方规定，流动人口入学必须要居住证、劳动合同（或工商执照）、养老保险"三证"的地域统一。流动儿童入读北京公立学校要求家长或监护人的居住证、户口所在地无监护条件证明、户口簿等证明、证件。户口所在地乡镇政府出具的在当地没有监护条件的证明的必要性不强，且客观上为户口所在地乡镇政府"吃拿卡要"创造有利条件。"务工就业证明"会给很多灵活就业人员、自谋就业人员、不稳定就业人员的子女入学造成困难。可见，流动人口学龄子女入学的程序仍然是极其烦琐、障碍重重，成本极其高昂。在流入地公办教育资源严重不足的情况，地方政府对民办流动儿童学校强制关

---

① 黄洪：《大病保险存统筹层次偏低等四方面问题》，2015 年 2 月 10 日，证券时报网，http://www.finance.ifeng.com/a/20150210/13494762_0.shtml。

② 苏向杲：《大病保险统筹层次低 区县政府乱收费》，《证券日报》2014 年 6 月 5 日。

停、强行拆毁的做法本身是对教育资源的一种浪费，应该通过积极引导、帮助扶持、财政补贴、吸纳社会资源、尊重和鼓励民间组织参与等方式促进民办教育机构达到国家基本标准，采取多种办学渠道，为农民工子女提供质量良好的学校教育。

二　多数省级区划过大行政层级过多阻碍公共服务全国统筹进度

中国现行省级行政区划共34个，数量偏少，多数省级行政区域单元管辖面积过大，管理幅度偏小，导致行政层级偏多，公共服务的效率难以提高，体制弊端日益显现。一是多数省级行政区域面积过大。土地面积在10万平方千米以上（超过韩国）的省、市、区有25个，土地面积在20万平方千米以上（超过柬埔寨、孟加拉国）的省、市、区有11个，土地面积在30万平方千米以上（超过菲律宾、意大利、波兰）的省、市、区有8个，土地面积在40万平方千米以上（超过日本、德国）的省、市、区有7个，土地面积在50万平方千米以上（超过西班牙、泰国、法国）的省、市、区有4个，土地面积在100万平方千米以上（超过埃及）的省、市、区有3个。笔者统计发现，省域东西跨度最大2400千米，最小100千米，平均717.96千米；南北跨度最大1700千米，最小120千米，平均629.22千米。二是多数省级行政区所辖县级行政区太多。省级行政区管辖县级行政区划数最多181个，县级区划数超过80个的省区有22个，县级区划数超过100个的省区有17个，平均92.13个。三是增加地级行政层级导致省级政府管理幅度太小。绝大多数省级行政区划（除直辖市和海南省）规模过大必然导致在省区以下多设一个行政层级，增加行政成本，而省区所辖的地级行政区划数最多只有21个，最少的只有2个，次少是5个，平均只有10.74个，对于省级政府的管理幅度来说又太小。行政区划问题对公共服务区域协同供给带来阻碍，具体表现在以下几方面。

（一）省区面积过大，加大省域内经济社会发展差距，造成统筹障碍

中国不仅东、中、西部之间以及各省、市、自治区之间存在巨大的发展差距，且大多数省份的省域内也存在着巨大的差距。一是省区经济中心经济辐射带动能力难以承载过大的省域范围。绝大多数省区面积远远大于

其发展幅度。中国各省区经济中心的经济规模相对于其辐射面积而言还太小，各个省市区的经济中心要辐射带动如此超负荷的区域的经济发展，是何等艰难。二是政府分配带动能力难以承载过大的省域面积。省区范围过大、行政层级过多最终导致中央和上级政府自上而下的资源配置的低效率和不公平，尤其省区的偏远地区因为交通成本、时间成本和地缘劣势等很难获得其应得的公共资源，从而加剧省区偏远地区与省内经济中心的发展差距。三是在原省域次中心和欠发达地区培育新的省级经济中心可带动周边地区更快发展。缩省、增省能通过政府的资源配置、转移支付在欠发达地区培育新的省级经济中心，带动周边地区经济社会快速发展，可以弥补自然地理环境的不公平，从而促进区域经济社会协调发展。王贤彬、聂海峰研究表明，重庆直辖对重庆地区的经济增长有一定的促进作用。[①] 本课题组对 2010 年公开数据采用的回归分析表明，各省（市、区）的面积大小与各省（市、区）内区县之间发展的不平衡呈正相关关系，即省域面积越大，省内区域间经济发展越不平衡，区县间发展差距越大。区域经济社会发展水平的巨大差距必然加大养老保险、医疗保险等各种公共服务省级统筹的障碍。已经实现养老金省级统收统支的北京、上海、天津、重庆、陕西等都是土地总面积相对较小的省（市、区）。

（二）行政层级过多，增加统筹层次，公共服务效率低下

中国的绝大多数政策由中央确定政策目标甚至统一拟定政策方案，然后按照行政层级逐级分解细化目标和政策方案并从上到下推动、监督政策的贯彻执行，甚至有部分政策从目标到具体执行的方案、从制定到执行、从中央到村委会都是一以贯之，以防中央政策在执行过程中被歪曲，呈现出一些明显的"自上而下"执行模式的特征。中国各地方之间在经济、社会、文化发展的资金需求和财政保障能力方面的横向严重不均衡是客观存在的（见表 4-1）。中央财政控制着大部分的财力，而支出大大减少，因此中央在平衡各地财力过程中转移支付给地方的资金的比重也就大大增加。

2003—2008 年地方所获得的中央补助资金占地方财政支出的比重平均在 40% 左右，而 2009 年、2010 年上升到 46.6%、45.0%，即使到 2014

---

① 王贤彬、聂海峰：《行政区划调整与经济增长》，《管理世界》2010 年第 4 期。

年仍为 41.3%（见表 4-2）。这个数据是全国的一个平均比重，而中央补助的重点是在发展相对滞后的省区市，可以想见在发展相对滞后的地区获得的中央补助收入的比重会远远高于平均比重。重庆市的一些主要农业县如梁平县、垫江县、忠县、开县以及地处东部沿海的苏北的沭阳县、泗阳县、泗洪县等地区 2007 年获中央和上级补助收入占本级财政支出的比重都在 52% 以上，多数在 60% 左右，最高的是农业县开县，竟然高达 75.8%，尽管 2010 年有所降低，但仍然高达 74.4%。2014 年重庆 4 县获中央和上级补助收入占本级财政支出的比重普遍在 64.7% 以上（见表 4-3）。即使在上海这种发达地区 2014 年也获得中央的补助资金 337.89 亿元。可见在自有财力严重不足的农村县和乡镇对上级补助的高度依赖，从而也就决定了公共资源"自上而下"的分配过程。

表 4-1　　　　2014 年中国各省市区财政收支项目不平衡状况统计　　　（亿元）

	样本量	极差	最小值	最大值	均值
各省市区一般预算收入	31.0	6029.8	1203.4	7233.1	2981.0
各省市区一般预算支出	31.0	5587.8	2884.7	8472.5	4385.0
各省市区获中央补助收入	31.0	2107.8	337.9	2445.7	1405.0

资料来源：中华人民共和国国家统计局编《中国统计年鉴—2015》，中国统计出版社 2015 年版。

表 4-2　　　中国地方获中央补助收入占地方财政支出比重情况　　　（%）

年份	2003	2005	2006	2008	2009	2010	2014
比重	42.8	40.0	39.9	41.8	46.6	45.0	41.3

资料来源：中华人民共和国国家统计局编《中国统计年鉴—2015》，中国统计出版社 2015 年版。

表 4-3　　　　中国部分县级财政获中央和上级补助收入占

本级财政支出比重情况　　　　　　　（%）

地区 年份	重庆（渝东北）				江苏省（宿迁市）		
	梁平县	垫江县	忠县	开县	沭阳县	泗阳县	泗洪县
2007 年	64.5	52.6	63.7	75.8	58.0	64.1	64.3
2010 年	64.6	47.1	65.2	74.4	44.9	54.4	55.4
2014 年	64.7	67.6	71.1	71.5	36.3	45.2	51.7

资料来源：重庆市统计局、国家统计局重庆调查总队编《重庆统计年鉴—2008》《重庆统计年鉴—2011》《重庆统计年鉴—2015》，中国统计出版社 2008、2011、2015 年版；江苏省统计局、国家统计局江苏调查总队编《江苏统计年鉴—2008》《江苏统计年鉴—2011》《江苏统计年鉴—2015》，中国统计出版社 2008、2011、2015 年版。

　　在这种权力格局和行政资源配置体制下，中国绝大多数省区（除 4 个直辖市和海南省以外）仍然是省、地、县、乡镇四级地方政府，就必然导致权力运行和资源配置的流程繁多和渠道漫长，从而致使行政成本高昂、行政效率低下，同时也孕育了诸多矛盾的根源，主要表现在政策主要由中央和上级政府制定、地方和基层政府执行，中央和上级政府保证执行机构忠实贯彻执行的监控激励手段难免失效，而目标群体的表达、执行、监督等功能又未能充分发挥，因此执行不力或偏差就容易发生。

　　自改革开放以来，中国广泛推行市领导县（市）体制。[①] 截至 2014 年年底，中国共有地级行政建制 333 个，其中地级市 288 个，占地级行政建制的 86.5%（见表 4-4）。所谓市管县体制，是指在行政区划上，由市管辖若干县或自治县，以政治经济社会文化发达的城市为核心带动周边农村地区共同发展的行政管理体制。在市管县体制实施过程中，地市合并、划县入市和建市领县成为主要的三种模式。市管县的体制使部分地方形成了"省、市、县、乡"四级政府的格局。戴均良认为，市管县体制主要存在市县争利的经济利益矛盾、行政管理矛盾和城乡关系的矛盾。[②] 市管县体制为"市刮县"、增加行政层级导致行政效率低下、行政成本高昂埋下了体制祸根。"市刮县"是这些年来市一级所以能够壮大的一个主要原因。

表 4-4　　　　　　　　中国行政区划（2014 年年底）　　　　　　（单位：个）

	地级区划数	#地级市	县级区划数	#市辖区	#县级市	#县	#自治县
中国	333	288	2854	897	361	1425	117

资料来源：中华人民共和国国家统计局编《中国统计年鉴—2015》，中国统计出版社 2015 年版。

　　1994 年的分税制增强了中央政府的宏观调控能力和中央政府的财力，形成了财权层层集中，事权纷纷下移的权责结构，转移支付资金层层下拨。[③] 因此，在当前的分税制以及中国中央财政掌握着重要的资源分配权

---

　　① 李旭斌：《直辖市直管县（区）的行政区划层级设置及其对省县直辖的借鉴意义研究——以重庆市为例》，硕士学位论文，重庆大学，2008 年。

　　② 戴均良：《中国市制》，中国地图出版社 2000 年版，第 156 页。

　　③ 孙雷：《十年回首"分税制"》，《21 世纪经济报道》2004 年 11 月 14 日。

力的体制下，多设一个行政层级，就使行政效率和行政效能降低相应的比例甚至更大的比例。

在权力和财力"自上而下"运行的体制下，政府层级过多的弊端日益显现，主要包括增加了政府层级、降低了行政效率、市县争利日趋严重，更为重要的是地市级政府利用其对县级政府的管辖权力使资源过度向中心城市集中，导致中心城市的极度扩张，而县域的城市化水平极度落后，加剧了城乡"二元"结构，且"小马拉大车"无法产生足够的辐射能力。县域所占有的国土面积和人口与其经济总量极不匹配。县域面积占全国国土面积的93%，县域所辖人口也占全国总人口总数的70.41%，但与此同时，县域的 GDP 值却在全国的 GDP 中占有很小的比例。县域财政存在困难。多数县级财政能力和水平较弱，常出现入不敷出的现象，2003年中国县域财政总收入占全国财政总收入的1/5，但县级财政所担负的供养人口比例，占到了全国财政供养总人口的 70%。全国大多数的县，普遍存在着基础差、功能弱和带动力不强等问题，难以带动农村经济社会的发展，以至于县域的自然资源和人力资源难以得到充分开发和有效利用，进而导致中国农村城市化进程发展缓慢，[1] 偏远地区公共服务设施建设严重不足。

（三）行政区界犬牙交错，增加公共服务成本，加剧发展不平衡

中国各级行政区界都不规则，犬牙交错。从中国政区图可以看出，各省市区的边界大都是弯弯曲曲的不规则曲线，一是受山川、河流等自然地理条件制约，二是受统治者统治需要而刻意为之。历代王朝都将行政区划作为定国安邦的一个重要工具，往往会根据当时的发展条件、统治能力和统治需要来对行政区域作出划分。[2]

行政区界犬牙交错必然使省级行政区的形态远离圆形的最优形态，从而增加行政管理的成本。侯景新、浦善新等提出政区形态优化系数指标，分析中国各个省级行政区划的形状问题。根据中心地理理论的假设，不考

---

① 李四林、苏成凤、田时中：《省直管县体制改革动力机制探析》，《湖北行政学院学报》2012 年第 4 期。

② 汪旻艳：《现行省级行政区划改革研究》，硕士学位论文，南京师范大学，2007 年。

虑中国复杂的地貌和人文因素，考察单个省级行政区形状的合理性，他们采用一个量化指标——政区形态优化系数。理想的单个行政区域形状以圆形为最优，在各个省级行政区划找出一条跨越全省的距离最长的轴，以这条轴为直径作圆，计算省区实际面积与圆形面积之比，这个比值可以反映出该行政区的形状是否较规则。比值越大，政区形状越合理，政区内部通达性越强，越有利于行政管理和经济交流。这个比值就是政区形态优化系数。他们计算出了中国各省级行政区的优化系数，数据显示，中国省级政区中，只有湖南、浙江、青海、河南、辽宁五个省的比值高于 0.6，湖南最高为 0.677；大于 0.5 而小于 0.6 的省区也只有 8 个，从高到低依次为云南、贵州、四川、新疆、福建、安徽、海南、广西；大多数省区在 0.3 至 0.5 之间；甘肃和内蒙古的优化系数甚至低于 0.3，① 省区形状过于狭长，省区内部通达性很差，省区内部交通不畅，管理半径极端不合理，管理起来非常困难。加之中国下级对上级的权力和资源的依赖性极强，上下级之间的交通往来极其贫乏，过大的管理半径必然导致高昂的交通成本。内蒙古阿拉善左旗离省会呼和浩特近千千米，每年仅到呼和浩特办事的差旅费用就花费其财政收入的大半，行政成本极其高昂。

部分省级政区的首府过分偏离省区中心位置，从而导致管理半径大小过分悬殊，增加交通成本和公共服务成本，降低经济效应，从而加剧地区经济发展的不平衡性。南京在狭长的江苏省的西南角，重庆主城在重庆市的西南端，南昌市在江西省的北端，福州市在福建省的东北端，广州市在广东省的南部边缘，导致一个省的最偏远区县到省会城市的距离过大，使这些地区既难以获得省域经济中心的辐射效应，又在中央、省政府的转移支付和财政补贴以及公共服务基础设施建设等方面相较于其他地区处于劣势，从而加剧省域内经济社会发展的不平衡。

三　政府职能设置重同构轻异构加剧各自为政增加统筹难度

政府职能纵向设置重同构轻异构，导致上下级政府间职能职责高度雷同，功能分化程度低，各级政府职能重心不明确，眉毛胡子一把抓，难以在根据不同层级政府的职能需求有针对性地进行职能职责分工的基础上确

---

① 侯景新、浦善新、肖金成编：《行政区划与区域管理》，中国人民大学出版社 2006 年版，第 123—125 页。

定统筹项目、统筹标准和统筹办法。

（一）政府纵向职能同构现象突出

中国政府职能在纵向配置上的总体特点可以概括为"职责同构"。[①]在上下级政府间的关系中，不同层级的政府在职能、职责和机构设置上存在"上下对口、左右对齐"高度统一的基本特征，导致政府机构"上下一般粗"。2013 年召开第十二届全国人民代表大会第一次会议后，中华人民共和国国务院机构改革后共有各种组织机构 75 个，具体包括国务院办公厅、国务院组成部门（包括外交部、国防部、国家发展和改革委员会、教育部、科学技术部、工业和信息化部、公安部、国家安全部、国家民族事务委员会、监察部、司法部、财政部、民政部、国土资源部、人力资源和社会保障部、住房和城乡建设部、环境保护部、交通运输部、水利部、农业部、商务部、文化部、国家卫生和计划生育委员会、中国人民银行、审计署等共 25 个）、国务院直属特设机构（国务院国有资产监督管理委员会 1 个）、国务院直属机构（包括海关总署、国家税务总局、国家工商行政管理总局、国家质量监督检验检疫总局、国家新闻出版广电总局、国家体育总局、国家安全生产监督管理总局、国家食品药品监督管理总局、国家统计局、国家林业局、国家知识产权局、国家旅游局、国家宗教事务局、国务院参事室、国家机关事务管理局等 15 个）、国务院办事机构（包括国务院侨务办公室、国务院港澳事务办公室、国务院法制办公室、国务院研究室等 4 个）、国务院直属事业单位（包括新华通讯社、中国科学院、中国社会科学院、中国工程院、国务院发展研究中心、国家行政学院、中国地震局、中国气象局、中国银行业监督管理委员会、中国证券监督管理委员会、中国保险监督管理委员会、全国社会保障基金理事会、国家自然科学基金委员会等 13 个）、国务院部委管理的国家局（包括国家信访局、国家粮食局、国家能源局、国家国防科技工业局、国家烟草专卖局、国家外国专家局、国家公务员局、国家海洋局、国家测绘地理信息局、国家铁路局、中国民用航空局、国家邮政局、国家文物局、国家中医药管理局、国家外汇管理局、国家煤矿安全监察局等 16 个）。[②] 随机抽取

---

① 汪旻艳：《现行省级行政区划改革研究》，硕士学位论文，南京师范大学，2007 年。

② 《国务院关于机构设置的通知》（国发〔2013〕14 号），2013 年 3 月 19 日。

1 个省政府，调查发现某省共有省直机构 68 个（见表 4-5）；随机抽取该省 1 个地级市政府，调查发现该市政府有政府工作部门 31 个、政府其他部门 53 个、省管单位 20 个、政法机构 6 个、其他事业单位 41 个；① 在该市随机抽取 1 个县，调查发现该县县直部门共有 88 个、县管单位 31 个，② 外加教育和医疗机构若干。从上述国务院、省、市（地级）、县四级政府的组织机构设置可以看出政府机构"上下一般粗"的现实状况。

表 4-5   中国某省省直单位

省政府办公厅	省发展和改革委员会	省商务厅	省经济和信息化委员会	省教育厅
省科学技术厅	省民族事务委员会	省公安厅	省监察厅	省卫生厅
省民政厅	省司法厅	省财政厅	省人力资源和社会保障厅	省国土资源厅
省环境保护厅	省住房和城乡建设厅	省交通运输厅	省水利厅	省农业厅
省林业厅	省文化厅	省计生委	省审计厅	省外事侨务办公室
省国资委	省国家税务局	省地方税务局	省外国专家局	省广播电视局
省新闻出版局	省体育局	省统计局	省工商行政管理局	省质量技术监督局
省食品药品监督管理局	省旅游局	省粮食局	省气象局	省安全生产监督管理局
省物价局	省机关事务管理局	省国防科技工业局	省参事室	省法制办公室
省宗教事务局	省监狱管理局	省农办	省政府经济研究信息中心	省供销合作总社
省社会主义学院	省政府金融工作办	人民防空办公室	省扶贫办	省知识产权局
省移民开发局	省经济协作办公室	省政府口岸办公室	省减负办	省煤炭管理局
省总工会	省地方志	省残联	省贸促会	省红十字会
省邮政管理局	省烟草专卖局	省有色金属管理局		

资料来源：《湖南省省政府部门管理机构》，湖南省人民政府门户网站，2015 年 11 月 28 日。

（二）职能同构导致政府职能目标和价值冲突困境

作为计划经济体制条件下高度雷同的"条块分割"职能设置，不利

---

① 湖南省常德市人民政府，http：//www.changde.gov.cn/，2012 年 11 月 28 日。
② 湖南省桃源县人民政府，http：//www.taoyuan.gov.cn/，2012 年 11 月 28 日。

于不同层级政府根据市场和社会的发展需求按照本级政府所在的行政层级所应承担的经济调节、市场监管、社会管理、公共服务和环境保护等各种不同性质的政府职能进行因地制宜的选择性设置，将导致政府职能在履行上缺乏适应性和有效性。"职责同构"的体制安排既导致了地方保护主义、地区冲突、重复建设等问题，又导致了政府体系及其职能的自我封闭，加剧"各自为政"。政府职能本身会根据不同层级政府在政府体系中的职能定位和政治经济社会文化生态等的发展需求和目标而在不同层级的政府上有不同的设置。

而在"职责同构"的政府管理体制下，各级政府不分层级差异和需求的轻重统一设置政府职能和机构，将无法有效地根据市场和社会发展的需求分解政府职能，为根据政府层级的职能定位、经济社会的发展需求和目标、政府的治理能力等的变化而优化行政区划造成了阻力，制约行政区划的科学化进程，不能很好地回应市场经济发展和社会结构转型对政府管理的新要求。[1] 职能同构必然导致政府职能目标和价值的冲突困境。在职能同构的体制下，履行维护政治稳定职能、履行经济调节职能、履行市场监管维护统一大市场健康发展职能、履行公共资源提取职能等的政府机构的设置难以脱离行政区划的限制，各层级政府间一一对应，与各层级政府共进退，为行政区划的适时优化造成巨大阻碍。如果要减少行政层级，就需要撤销地级区划，那么省级政府所辖的县级政区就必然太多，多数省份会大大超出省级政府所能承受的管理幅度，就要求缩小省级行政区划。而在职能同构的体制下，一方面可能进一步割裂统一大市场；另一方面因为省级数量的增多可能减弱中央政府的控制力，也因为省级政府下辖县级政区的增多而减弱控制力；因此，在重统治、轻发展的价值取向下，职能同构会阻碍行政区划的进一步优化，而要求行政区划的管理幅度小、管理层级多。

在职能异构的体制下，市场监管、政治稳定、环境保护的职能与公共资源分配、公共服务、社会管理、地方经济社会文化发展规划等职能可以按照各层级政府的职能需求灵活设置，从而避免职能同构带来的价值目标冲突，从而减少行政区划优化的价值冲突阻力。

---

① 汪旻艳：《现行省级行政区划改革研究》，硕士学位论文，南京师范大学，2007年。

(三) 职能同构增加公共服务统筹层级和难度

职能同构加剧政府价值目标冲突，为行政区划的优化造成障碍，阻碍行政层级的减少，为公共服务的区域统筹、城乡统筹增加了难度。以重庆和四川为例。重庆直辖后，取消了地级行政层，实现了市（省）县（区）直管，在接下来的公共服务均等化进程中，早在 2000 年出台《重庆市企业职工基本养老保险实施办法》，在 2011 年 10 月出台《重庆市城镇职工医疗保险市级统筹办法》和《重庆市城乡居民合作医疗保险市级统筹办法》，在养老保险、城镇职工医疗保险、城乡合作医疗保险、大病保险等多个领域实现了市级（省级）统筹。而与重庆同根同源的四川省，直到 2015 年 12 月 2 日才出台《四川省机关事业单位养老保险省级统筹实施办法》，实现机关事业单位养老保险省级统筹；直到 2015 年企业职工基本养老保险省级统筹仍在不断完善的过程之中；直至 2016 年，尚未能实现城镇职工医疗保险和新型农村合作医疗保险的省级统筹，成都市实现了城镇职工医疗保险和新型农村合作医疗保险的市级统筹，还有绵阳市等多数地区仍然是县级统筹。

尤其重要的是，职能同构最终形成各级政府都在基础教育、养老保险、医疗保险、大病保险等公共服务项目中高度雷同地设置相关机构、权力和职能职责，形成多层级的地方利益，一旦实行全国统筹、省级统筹，地方政府、基层政府的社保事权等就将上移，因此，一些地方政府采取消极态度，为公共服务全国统筹造成巨大的障碍。

第二节　服务主体协同供给
面临的制度障碍

公共服务主体面对公共服务资源要么倾向于过度使用，从而造成资源的枯竭，产生"公地悲剧"；要么阻止他人使用该资源或相互设置使用障碍，导致资源的闲置和使用不足，造成浪费，产生"反公地悲剧"。因此，公共服务的生产、供给和消费各环节都离不开公共服务的供给主体、生产主体、管理主体、消费主体等齐心协力、精诚团结、相互协作促进公共服务供给效率最大化。这就需要从激励和监管等方面加强制度保障，从而激发出公共服务协同供给的强大动力。

一　公共服务协同供给亟须从身份特权向契约平等转变

公共服务协同供给要求公共服务供给主体、生产主体、管理主体、需求主体身份平等。这就要求传统身份社会向契约社会的转变。现代意义上的身份是指人在社会或法律上的地位，本质是个人与团体或国家及第三人之间的法律联系，该种地位或联系决定其在特定情况下的权利和义务。传统意义上的身份是指由先天的、过去的因素所决定而非现在通过自身的努力所能改变的人的出身、地位或资格，诸如人的血缘、亲缘、地缘、业缘、性别、民族、身体状况等，一般具有继承性或不可（难以）更改性。传统社会身份的本质是讲究差别、亲疏、尊卑、贵贱，因而身份成了不平等的根源。《中共中央关于全面推进依法治国若干重大问题的决定》要求，"依法保障公民权利，加快完善体现权利公平、机会公平、规则公平的法律制度"①。因此，法治社会必须大力弘扬主体平等、等价有偿、互惠互利的契约精神。

（一）传统身份关系的特征及其局限

马克思指出，"人的本质是一切社会关系的总和"。从原始社会向现代社会发展的各阶段中，社会关系经历了一个分别以血缘关系、亲缘关系、地缘关系、业缘关系、契约关系为主的逐步演变过程。氏族社会是以血缘为纽带结成的社会，亲缘关系是血缘关系的扩展。随着经济社会的发展和人的能力的提高，血缘关系难以满足人们经济社会发展的需求，地缘关系得到逐步发展。地缘关系是指以地理位置为联结纽带，由于在一定的地理范围内共同生活、活动而交往产生的人际关系。同乡关系、邻里关系、故土观念、乡亲观念就是地缘关系的反映。相应地，业缘关系是地缘关系的扩展，但已经超越了血缘、地缘关系的局限，具备了契约关系的性质。这些关系在与其相应的社会发展阶段，发挥着调解利益矛盾、规范社会秩序、促进社会生产的重要作用。到了现代社会，无论是血缘、亲缘关系，还是地缘、业缘关系，都因其固有的局限，再难以承担联系人与人、人与社会、人与国家各种关系的主要纽带功能。传统身份关系有其突出的

①　《中共中央关于全面推进依法治国若干重大问题的决定》，人民出版社2014年版，第11页。

特征和局限性，表现在以下三方面。

不打破身份社会的"小圈子"，难以融入市场经济的"大社会"。身份社会是熟人社会，熟人社会是"小圈子"社会，血缘、亲缘、地缘、业缘等纽带所连接的社会交往对象往往只能是限于特定范围的人群，具有特殊性。市场经济条件下，交易频率越来越高，交易对象越来越广，尤其随着科学技术、经济贸易、社会交往条件和方式等的进一步发展，人的能力半径无限延长，人的交往需求越来越多，人的交往关系逐步超越血缘、亲缘、地缘、业缘等纽带所连接的社会范围，逐步由"熟人社会"向"陌生人社会"扩展，一个能力越强的人、人际关系越复杂的人、一个越能适应现代经济社会发展要求的人的社会交往对象就越有可能要求超越血缘、亲缘、地缘、业缘等纽带所能连接的对象，从而要求交往对象不受身份限制。因此，传统身份关系难以满足现代社会越来越广泛的交往需求。

不打破熟人社会的"人情观"，难以建立法治社会的"平等观"。"人情"是熟人社会最大的特点。费孝通先生用"差序格局"来解剖中国乡土社会结构，描述了人与人以血缘、亲缘、地缘、业缘等情感纽带为中心的亲疏远近严重不平等的人际格局。人与人之间关系的情感性在私人领域发挥调解作用，可以使家庭、姻亲、亲情、乡情更加牢固，即使在公共领域情感的纽带也可以使社会更有温情。而现代的法治社会要求坚持法律面前人人平等，不能因为个人感情或私情关系的亲疏远近把人分为三六九等，导致利害关系人受到不平等的对待，甚至为自己情感亲近或关系亲密的人谋取不正当利益，从而减损他人权利或者增加他人义务。一个手握公共权力的领导干部没有正确的"人情观"，缺乏法治社会的"平等观"，在公务行为中感情用事，就过不了"人情关"，难以秉公办事。正如2014年1月14日，习近平总书记在中国共产党第十八届中央纪律检查委员会第三次全体会议上所指出，不能搞圈子文化，不能搞人身依附，所有党员都应该平等相待，都应该平等享有一切应该享有的权利、履行一切应该履行的义务。因此，传统身份关系的"人情"主要应限于私人领域，不应把个人私情关系带入职业行为中，在公共领域，情感的投入或情感的满足要以不侵害他人平等的权利为限。

不打破身份社会的"先赋性"评价标准，难以建立契约社会的"自致性"价值标准。在传统身份社会，人们一般是根据某人的出生、背景等先天条件来评价他，身份成为评价一个人的社会地位的重要标准。而在契约社会，自致性的表现、能力、业绩或成就成为评价一个人的价值标准。"自致性"价值标准鼓励人们依靠自己的能力、努力创造来改变自己的社会地位，而不是依赖论资排辈、特权和私情关系。当前中国，只因城乡二元户籍制度下的农业户口还是城市户口、产权制度下的公有企业还是私营企业、单位制下的正式工还是临时工、编制管理制度下的行政编制还是事业编制、退休制度中的女性还是男性身份等的不同，不同人面临着完全不一样的命运；以及在选人用人标准中是重学历、文凭（过去的努力）还是重能力、水平（现在的表现）；在升学与就业中，是少数民族还是汉族……尽管这些身份制度对个人或企业的命运的影响力在逐步减弱，但其制约力量仍不可低估。公民户口性质的差别至今还导致在教育、就业、社会保障等方面的待遇的不同。目前尽管失业保险缴费额度相同，因为农业户口与城市户口的差别，在失业后所领取的失业保险金却有较大差距。就业双轨制阻碍人力资源的合理配置和农民工市民化进程。

在城市化和市场化的进程中，我国很多国有企业、事业和党政机关单位中，多使用编制来管理职工。编内人员形成事实上的"铁饭碗"，即使编内职工不能或不愿承担现有工作，也无解职和降薪之忧。其不能或不愿承担的工作就聘用编外员工，而为了降低成本，拒不给予编外员工同等的待遇和福利，形成就业和收入分配的"双轨制"。其根本原因是计划经济遗留下来的用人体制在国有企业、事业和党政机关单位没有被彻底打破。在很多单位，"编外员工"大量存在，"编外员工"在政治、经济上的待遇都属于单位里的"二等公民"，即使一些"编外员工"比"正式员工"干得更好，也享受不到正式员工的相同待遇。这种体制背离了"同工同酬""多劳多得"等用工法则，这种客观上的身份歧视，既严重违背公平公正的现代理念，影响员工们的工作积极性以及编外员工的归宿感、安全感、认同感和忠诚感，又加剧了收入分配的差距，尤其对自身发展条件严重受限、知识层次较低的农民工的发展极为不利。公有还是私有的企业或投资人性质的差异，导致其在融资环境、产品定价、政策支持等方面难以获得平等的待遇和公平竞争的机会，导致私人资本对公共服务的投资积极性降低、私营经济的发展环境受限，在一定程度上制约着就业岗位的增加，影响劳动者的稳定就业。

（二）法治社会是契约社会，法治是契约的保障

法治社会是"契约社会"。契约的基础是主体平等、权利义务对等、

等价有偿。契约社会是一个反对专制、反对特权、反对歧视的平等社会。在"契约社会",当事人通过意思自治、自身努力、自由竞争和相互约定,自己为自己设定权利义务,而不像在"身份社会",当事人依靠出身继承而不作任何努力却获得种种特权。因而,契约能激发和维持人们的主动性、积极性和创造性,成为创设人们权利义务的种种手段中最合理的手段。"契约社会"是一个交往的社会,一个开放的社会,平等地为每一个人提供通过自己的努力谋求幸福、发挥自己聪明才智改变社会地位的机会。"契约社会"的开放性、平等性和交换性,为思想交流、情感联系、心灵沟通、互相协作、利益协调提供了手段、条件和保障,必然是一个有机团结的社会。契约的平等、自由、自治、权利本位蕴含着法治的基本内容和根本精神,契约与法治高度契合,没有契约就没有法治。因此,契约关系必然取代血缘关系、地缘关系,成为现代社会、法治社会最具普适性的社会关系。

因缺乏法治的保障,传统身份社会是丛林社会,往往是先赋性的强者歧视、排斥、欺凌弱者,侵害弱者权益,是后天的不公平加剧先天的不平等。在法治社会,现代意义上的身份关系是通过法律保障加强对先赋性弱势群体的权益保护和权利救济,是用后天的公平弥补先天的不平等。现代法治社会强调对妇女儿童、老弱病残、少数民族等的特别保护既是现代身份关系的客观要求,更是契约精神的本质体现。

（三）公共服务协同供给要求破除身份特权、身份歧视和行业垄断

公共服务主体权利义务的平等要求亟须弘扬契约精神,加快完善体现权利公平、机会公平、规则公平的法律制度。《中共中央关于全面推进依法治国若干重大问题的决定》指出,"社会主义市场经济本质上是法治经济……必须以保护产权、维护契约、统一市场、平等交换、公平竞争、有效监管为基本导向,完善社会主义市场经济法律制度"①。为此,必须进一步加大改革力度,打破投资创业、经济贸易、就业用工、选人用人、收入分配、公共服务、社会保障等领域的身份限制,彻底废除身份作为确定

---

① 《中共中央关于全面推进依法治国若干重大问题的决定》,人民出版社 2014 年版,第12 页。

人们或企业地位高低、权力大小、义务多少的根本标准，推进"身份社会"向"契约社会"的转变，用契约作为设定人们权利义务的手段，以等价有偿为根本原则，在契约的基础上实现主体权利平等、权利义务对等。

以网络专车与传统出租车的协同发展为例，网络专车（又称"网络约租车"）可以弥补出租车行业无法满足公众多元化出行需求的缺陷，有效缓解高峰时段打车难等难题，但网络专车的快速发展触及了传统出租汽车行业利益格局，对出租车行业稳定带来较大影响。但《关于 2015 年深化经济体制改革重点工作的意见》明确提出了要出台深化出租汽车行业改革指导意见，以"互联网+"思维促进网络专车与出租汽车的融合发展，已势在必行。网络专车运营模式对传统出租汽车管理体制形成巨大冲突，有效改善市民出行服务水平。

一是网络专车的出现打破了出租车市场准入限制。出租车运力一直由政府组织投放。但政府为了保持出租汽车行业稳定，运力投放十分缓慢，无法满足市场的庞大需求。以重庆为例，虽然近几年采取中巴车、面的车置换和企业配标等方式新增投放了大量出租汽车，"打的难"现象得到一定的缓解，但高峰期打不到车，出租车驾驶员疲劳驾驶、服务水平差、拒载、绕道等现象依然是乘客投诉的热点。网络专车利用移动互联网平台进行资源整合和分配，完成租赁汽车和驾驶员的组合，甚至吸纳私家车进入平台，迅速跨进传统出租汽车的市场领域，让行业的边界变得模糊，打破了出租车市场准入限制。二是网络专车市场化定价打破政府价格垄断。出租车行业是政府管制行业，政府在发展城市交通的总体政策下，按照适度发展原则确定出租车运价并通过严格程序适当调整运价。但网络专车并非政府管制行业，定价未纳入政府统一管理，可根据市场供需情况自行制定价格。这一特性直接将价格竞争机制引入传统出租车行业，对出租车价格形成冲击。三是收入"双轨制"引发出租车驾驶员对收入的不满。网络专车虽然价格相对较高，但目前多采用优惠补贴的形式变相降价，并能够享受优质服务，出租车价格稍低而服务质量差，顾客出行自然会选择质优价廉的网络专车。同时，网络专车驾驶员不受出租车公司管理，不用缴纳高额的"份子钱"，收入较出租车司机更为丰厚。而出租车驾驶员却称"每天一睁眼就欠公司一两百块"，工作辛苦收入不高。网络专车的出现直接对出租车驾驶员的收入造成影响。

公共服务协同供给要求彻底破除出租汽车行业的垄断经营，实现市场自我调节。首要的是破除出租车"专营"的总量控制，并取消传统出租汽车高额的"出租车专营权"有偿使用费，实现网络专车与传统出租车在税收、管理等方面的同等待遇，建立网络专车与传统出租车公平竞争的成本基础，确保公平竞争。传统出租车高额的"份子钱"除了运营管理费、税收等外，主要成本还包含营运权使用费和垄断利润。出租车管理公司在取得出租车专营权后对出租车行业形成的事实上的垄断又产生了高额的垄断利润，因此，运营管理费、税收、营运权使用费和垄断利润等就催生了高额的"份子钱"。因此，出租汽车行业改革要求破除市场垄断，逐步放开出租车行业市场准入、总量和价格的行政管控，同时逐步取消营运权使用费，从而破除行业垄断和垄断利润，并按统一标准收取网络专车的相关税费等。2015 年 9 月 14 日浙江省杭州市出租汽车行业改革方案拟取消出租车"经营权"的有偿使用费，为此杭州市将一次性退还 2600 余辆出租汽车近 1 亿元的有偿使用金。① 取消经营权的有偿使用费是不够的，还必须破除对经营权垄断的出租车总量的行政控制，交由市场调节。

公共服务协同供给要求对网络专车与传统出租汽车一视同仁，明确网络专车的法律主体责任，以保障乘客权益。主要解决以下问题。一是不积极承担运输服务的主体责任，事故赔付难度大。专车平台从汽车租赁公司租赁车辆，从第三方劳务派遣公司雇用驾驶员，否认与驾驶员有任何关系。乘客"被"成为租赁公司的承租人，驾驶员是其从劳务公司雇用代其驾车的对象，若运输过程中发生事故，乘客作为雇用方要承担全部责任，不仅要自付医疗费，还要承担代驾驶员的医疗费，乘客维权非常困难。二是不严格审核驾驶员的准入资质，运输安全风险高。许多网络专车对驾驶员要求标准较低，缺乏必要的安全服务培训，仅靠审核校验网上驾驶员上传的简单资料，基本的运输服务安全难以得到有效保障。驾驶员素质的良莠不齐极易形成运输服务过程中的安全风险甚至可能发生刑事案件。

公共服务协同供给要求进一步规范网络专车的运营服务标准，促进行业稳定健康发展。主要解决以下问题。一是私家车从事营运，导致市场混

---

① 关东容：《取消出租车的"份子钱"只是改革的开始》，2015 年 9 月 15 日，人民网，ht-tp：//www. opinion. people. com. cn/n/2015/0915/c1003-27587870. html。

乱。除"神州专车"外，大部分网络专车都将私家车纳入平台，与传统出租汽车在准入、退出、价格及运营成本（用工、保险、税收等）等方面均有不同，造成体制内、外两种模式的市场混乱。而且，私家车主下载软件后从事的非法营运更加便利、更加隐蔽，导致执法部门查处、取证的难度增大，极易引起出租汽车驾驶员的不满情绪。二是无序发展、低价补贴，导致不公平竞争。网络专车一开始就通过高额补贴变相采取低价策略试图迅速占领市场，通过不公平竞争扰乱了市场秩序。网络专车利用资本的力量抢占互联网入口，极易形成市场垄断，冲击城市交通基础公共服务。同时要加强网络专车的税费征收监管。网络专车利用移动互联网软件从事交易或线下现金交易，处于税收政策盲区，逃避了收入所得税和行业规费，给国家造成经济损失，也对合法经营的出租汽车形成不公平竞争。①

二　公共服务主体平衡博弈责权利保障制度不完善

公共服务各相关主体的责权利效必须高度统一，不应当有脱节、错位、不平衡等现象存在，不能失衡、畸轻畸重，以免权重责轻诱发专权擅权，或者权轻责重让人畏缩不前、丧失参与积极性、满意度下降，各个局部利益还必须符合社会整体利益的要求，实现短期效益与长远效益、局部利益与整体利益、个人利益与集体利益的协调平衡，这是公共服务主体协同供给的根本动力机制。

（一）社会保险费率较高损伤参保积极性源于制度设计缺陷

《中共中央关于全面深化改革若干重大问题的决定》中的第 45 条明确提出"适时适当降低社会保险费率"，要求研究出台降低社会保险缴费费率的政策，来有效地平衡国家、用人单位和个人的负担，促进经济社会发展。2015 年全国两会期间，多位全国人大代表建议降低社保缴费费率。近年来，重庆市人大、政协多次提交议案提案，建议适当降低城镇企业职工养老保险缴费费率，社保缴费费率过高已成为社会各界热议的焦点。

---

① 王汉：《网络专车与我市出租车融合发展存在的主要问题及对策建议》，《领导视窗》2015 年第 77 期。

与多数国家比较，我国社会保险费率偏高，带来诸多问题。截至 2015 年在已知的统计数据中，我国的社保费率在世界 173 个国家和地区中位列第 13 位。五险费率中，主要是养老保险费率偏高，为 28%（其中：用人单位承担 20%、职工个人承担 8%），而世界平均水平约为 10%。由于制度模式、转轨成本、人口结构等原因导致较高的社保费率，已逐渐带来较大影响。

一是较高社保费率造成企业负担加重。以重庆市为例，2014 年城镇五项社会保险（不含大额医疗保险）缴费费率为 42.4%（其中：用人单位 31.4%、职工个人 11%），现行城镇职工五项社会保险要求按照上年度本市城镇非私营单位在岗职工平均工资（以下简称社平工资，2013 年为 51015 元）的 60% 作为缴费基数的下限，若以此为基准计算，用人单位为每个参保职工每月缴纳的社会保险费最少为 801.1 元，职工个人缴纳 280.6 元。据重庆市某制造企业提供数据，该企业有员工 1000 余名，2014 年实际月工资总额约 490 万元，即使按照最低缴费基数的规定，即 490 万元的 60% 为缴费基数计算，每月缴纳"五险"数额达到 125 万元。企业月承担 80 万—90 万元，一年社保缴费达到 1000 余万元，占其利润的 30%—40%，承担着远超于其能力的社保缴费责任。① 现行制度按"人头"计征社会保险费，且缴费基数有上下限规定。由于近年来社平工资增长较快，社保缴费基数也随之变化，从目前的情况看，较高的社保缴费费率，已造成部分企业和低收入人群缴不起费。其结果是企业利润减少，进而导致企业综合竞争力下降，吸纳就业的能力降低。

二是较高社保费率造成参保积极性降低。以重庆市为例，2013 年社会平均工资为 51015 元，即使按 60% 基数缴费，仅养老保险一项，灵活就业人员年均缴费额将达到 6122 元。② 很多企业员工，特别是年轻一代，他们认为缴纳社会保险费不符合其当前利益，"这么高的缴费率，还不如给我多发点现金实在"，甚至配合企业不签订劳动合同，做出规避社保的消极行为。这种做法不仅使这部分人群陷入未来养老保障的风险，又使得社保扩面不畅，影响基金收入，也不利于社保制度的平稳运行和可持续发展。

---

① 数据来源：重庆市社会保险局统计。
② 同上。

三是较高社保费率造成结余基金存在贬值风险。至 2014 年年末，重庆市社会保险基金累计余额超过 1000 亿元，目前由于社保基金投资运营顶层设计不足，投资渠道有限，主要是存银行和买国债，基金收益率低，存在很大的贬值风险。快速增长的基金的保值增值问题值得关注。[①]

社会保险费率高源于制度设计缺陷。一是基本养老金计算不够科学，缺乏激励机制。缴费年限满 15 年造成一部分人员在缴费满 15 年后停止缴费，基础养老金水平不与缴费年限挂钩，未能体现多缴多得的效率原则。二是制度设计与人均寿命延长的趋势不相适应，个人账户养老金计发年限与实际领取年限之间有高达 15 年的差距，将导致透支现象日趋严重，酝酿着严重的财务风险。三是现行的继承制还导致养老金额外支出。参保人去世，其个人账户中未领取的剩余部分可以作为遗产被继承，形成了制度的"遗产差"性质的亏损。四是养老保险基金筹资方式单一，保值增值困难。这不仅仅是重庆所面临的问题，同时也是全国社保基金所面临的问题。资金来源主要是企业、个人缴费和政府财政补助。基本保险基金受国家政策限制运作渠道少，收益不高；保险资金没有形成市场运作机制，运营成本高，回报不理想，造成养老保险基金亏损。五是我国养老保险基金管理尚未摆脱计划经济体制下政企不分和政资不分的"行政管理"模式。一些地方的养老保险金主管部门和经办机构随意挤占、挪用现象严重，风险点较多，出现违纪违规和业务管理不规范等问题在所难免。

（二）农村生活垃圾治理亟须明确责任主体健全治理体制

农村生活垃圾治理是生态文明建设与新农村建设的基础性工作，是建设美丽乡村、实现可持续发展的细胞工程。近年来，通过建设运行城镇生活垃圾处理场、实施重点流域水污染治理以及新增国家投资项目、新农村建设和农村环境连片整治、生态镇及生态村创建等措施，加大了对农村生活垃圾处理设施的投入，一定程度上促进了农村生活垃圾收运处理水平的提高及环境卫生条件的改善。但是，按照生态文明建设的总体部署，农村生活垃圾治理工作还有很大差距。

农村生活垃圾治理项目建设资金缺口大，收运系统不完善。由于国家

---

① 张燕：《现行社会保险费率较高带来的问题与建议》，《领导视窗》2015 年第 34 期。

补助资金及市级配套资金较为分散，加之部分区县（自治县）本级及乡镇自身财力有限，农村生活垃圾治理项目建设资金缺口较大，农村部分区县（自治县）垃圾治理投入严重不足，收运系统欠账较多，设施设备落后，部分乡镇无专用运输车辆，无专用垃圾桶，个别乡镇和农村集中居住点垃圾处于无人扫、无箱装、无车拉、无处理的状态。

农村生活垃圾治理运行经费投入少，市场化运营程度低。重庆市尚未开展农村居民生活垃圾处理费的征收工作，群众参与治理的积极性不高；国家和省市级缺乏对运行经费的补助支持，部分区县、乡镇因自身财力有限而难以承担运行费用，已建成收运设施利用率不高。农村生活垃圾治理成本高，收益小，社会主体参与度低，市场机制难以建立，未形成成熟的运作模式，保洁人员数量不足、队伍不稳定、保洁效果差。亟须加大财政投入，采用政府购买服务的方式加以治理。

农村生活垃圾治理责任主体不明确，体制机制不健全。目前，省市级层面及部分区县（自治县）尚未明确农村生活垃圾治理的责任主体，市政部门虽是生活垃圾处理的主管部门，但其职责范围仅限于城市，农村没有生活垃圾收运处理的专职机构和人员。另外，分散的项目管理体制，造成各相关部门对农村生活垃圾收运处理的管理职能分散交叉，如新农村建设在农业部门，农村环境连片整治在环保部门，垃圾收运管理在市政部门，从而导致工作内容和考核目标不统一，重建轻管的现象较为普遍。部分乡镇、村组干部对农村生活垃圾治理工作不够重视，存在应付检查、考核现象；大部分村民多年形成的不良习惯一时难以改变，在房前屋后、树林、山岗、洼地、河沟乱扔乱倒乱丢垃圾现象普遍存在，文明卫生意识亟须提高。最终导致农村生活垃圾治理规划编制不到位，政策支撑不给力。除市环保局组织编制的《重庆市"十二五"农村环境综合整治规划》外，重庆全市尚未编制农村生活垃圾收运及处理的专项规划，也未出台农村生活垃圾治理方面的专门法规、规章或政策措施，农村生活垃圾治理缺乏统一的管理机构、统一的规划建设、统一的技术标准、统一的资金项目安排以及统一的收费依据，难以形成治理长效机制。

（三）农村"留守一族"亟须构建多主体协同供给的关爱服务体系

随着改革开放的不断深入，农村劳动力异地转移规模逐年增大。"儿童和老人"被迫成为"留守一族",他们的生存状况和对未来人生的影响已逐步演变成一大社会问题。转移民工后面的留守父母能否快乐生活、留守儿童能否健康成长,关系到外出民工能否安居乐业、关系到社会能否和谐稳定。课题组对 CQ 市 NC 区 XL 镇、TL 区、LP 县 LR 镇等地区的空巢老人、留守儿童的规模及生存现状开展了深入调查。

2012 年,LP 县 LR 镇现有劳动力 14900 余人,其中外出人口 6300 余人,占劳动力总数的 42.3%。LP 县 LR 镇全镇 7520 户,总人口 27000 余人,其中农业人口 26000 余人,60 岁以上老人共 2760 人,有空巢老人 2095 人,占 60 岁以上老人总数的 75.9%。其中,60 岁以上的 887 户、1547 人,70 岁以上的 318 户、462 人,80 岁以上的 63 户、86 人。单亲老人家庭 441 户、441 人,双亲老人家庭 827 户、1654 人。截至 2012 年年底,CQ 市 TL 区全区农村"空巢老人"数量为 8 万人,占全区农村人口 11.8%,到 2015 年,全区农村"空巢老人"的数量达 11 万人。截至 2012 年年底,CQ 市 TL 区全区农村"留守儿童"的数量为 3.42 万人,其中年龄 14 岁以下的人数超过 3 万人。CQ 市 NC 区 XL 镇 Y 村辖 14 个行政组,共 1483 户、4087 人。全村 60 岁以上老年人口 1051 人,老龄化程度达 26%,"空巢老人"约 430 人,"空巢老人"的比例为老年人口的 41%。由于生产生活方面自身能力不足、子女照料不到位以及社会关爱不够等因素的影响,"空巢老人"生活条件亟须改善。LP 县 LR 镇全镇 16 岁以下未成年人口总数为 6156 人,留守儿童 4800 人,占 16 岁以下未成年人口总数的 78%。其中父母双方外出务工的儿童 3635 人,占 16 岁以下未成年人口总数的 59%。数量、比例如此庞大的留守儿童能否健康成长,事关社会发展、民族振兴。在隔代教育甚至无人看管的情况下,他们存在着严重的成长危机。根据对"一老一小"基本情况的调查及与部分村民代表进行的座谈,发现农村空巢老人和留守儿童生活面临着不容忽视的问题。

农村"空巢老人"生活条件亟须改善。一是农村空巢老人的劳动负担加重,生产效率低下。在分散的农业经营模式下,外出务工的子女多数将承包地留给父母耕种,由于劳动力不足、技术水平不高,农业投入产出效益低下无疑加重了农村空巢老人的劳作负担。据 NC 区 XL 镇政府的资料显示,老人的人均年收入约为 3950 元。农村"空巢老人"的经济收入主要由子女的给予、售出农副产品的收入、短期务工所得和保险类收入或者政府补贴构成；而经济支出主要由医疗费用、人情往来费用、农业生产的费用及日常生活开支构成。农村的"空巢老人"一方面通过基本的农业生产获得收入，如稻子、玉米、蔬菜、家禽等的收入，但农业生产的主要目的是为了家庭的生活所用，只有等稻子或者玉米成熟或者家禽长大的时候才会有大笔的收入；另一方面他们也尽可能地通过副业来增加收入。一般来说，70 岁以下的男性老年人会在村镇附近寻找零工来增加家庭收入，比如帮忙建房、插秧、收稻等，但周期较短；也有些身体不太好的会多饲养家禽或者种植蔬菜去零售；但是总体来说，不管是农业生产的收入还是副业生产的收入，都是比较低的收入，而且对身体的伤害也大。

"空巢老人"收入中补贴的部分主要包括种粮补贴、低保补贴，其中种粮补贴以种植亩数为单位的补助，基本覆盖了全村的家庭，老人通常会领取不在家子女的补贴；低保补助以户为单位，对符合条件的家庭，当地政府对其发放补助金（150—200 元）。NC 区 XL 镇 Y 村共计有 42 户低保户，其中是"空巢老人"家庭的有 36 户。Y 村 87% 的"空巢老人"参加了农村养老保险，每月可领取 80 元左右的养老金；而另外一部分"空巢老人"（因征地、宅基地复垦等原因）由农村户口转为城镇户口后购买城镇居民养老保险，享受养老金，但他们没有成为一般意义上的城镇居民，他们仍然居住并生活在农村，使用未转让的或者子女的土地耕作。各类补贴和社会保险的养老金使他们的经济状况有所改善，虽然数目不大，但是对日常开支也有一定的支持作用。农村"空巢老人"的日常开支主要体现在电费、电话费上，食物和衣物的开支甚少，医疗费用占农村"空巢老人"经济支出的重要部分。一般只要不是太严重的病，他们会选择用传统的方式来治疗，或者在药房购买药品，甚至忍忍就过去了，而很少去医院就医看病。农村新型合作医疗（以下简称新农合）为他们减轻了很大的一笔开支，Y 村有 97% 的村民参加新农合，老人的比例高达 99%，他们都认为这为他们减轻了很大的负担，但对新农合的政策不够了解，经常不知道办事程序，导致有些费用不能报销。一年四季的农业生产费用，包括农具费用、种子费用、化肥农药等费用都占了总支出的 20%。另有不少的人情往来费用。

二是农村空巢老人的社会保障匮乏，抗风险能力差。农村缺少社会化养老机构，农民缺乏承担社会化养老的经济能力，社区缺乏便民服务及志愿者关怀照料的规范化组织保障，多数老人是处于一种"自我养老"的状态。子女不在身边加剧了农村空巢老人的这种脆弱性，而高龄老人面临的困难更大。老人们希望物质生活能得到基本的保证、患病能得到较好的医治和照料、权益受到侵犯时能得到及时的保护。

三是农村空巢老人的文化生活单调，幸福指数不高。随着物质生活水平的逐步提高，农村老人对精神慰藉、文化娱乐等方面的需求越来越强烈。农村"空巢老人"面临的生活困难比一般老人更多，尤其是与日俱增的孤独感，使他们的心理和生理承受着巨大的压力。加之农村地区的精神文化生活相对单调，农村空巢老人常常感觉心情郁闷、沮丧、孤寂，食欲减低，严重影响身心健康，不少老人最终悄然离世，晚景凄凉。老人们感叹："儿女们出去打工了，有时一年也难得见个面。""日子越过越殷实，但闲下来的时候却觉得很无聊。""空巢老人"亟须子女的精神慰藉、配偶和孙辈的精神慰藉、邻居的精神慰藉和村内文化带来的精神慰藉，希望在全社会大力倡导尊老、爱老、敬老活动，为老年人安度晚年营造和谐、温馨的社会环境。

四是亟须构建社会化养老服务体系。身有残疾、年事已高、疾病困扰的空巢老人，由于子女不在身边，生活和生产上缺乏照顾，便会产生很多不便，如果出现这类情况，亟须伴侣、孙辈、子女和邻居对他们生活的照料。当老人生活自理能力比较低的时候，大部分子女都会回来照料，一般是儿媳或者女儿，他们会辞去城里的工作回来照料老人。邻居对"空巢老人"的生活照料起了很大的作用。

农村"留守儿童"成长环境亟须优化。女性儿童受到性侵犯的现象时有发生。在隔代长辈的溺爱或漠视下，成长缺乏正确引导，心理和性格产生畸形，任性、冷漠、自卑、内向、孤僻、缺少感恩和爱心等成为普遍现象，对今后的健康成长带来了威胁。学校家庭缺乏互补互动，学校教育优势难以发挥。在儿童成长过程中，学校教育与家庭教育都有各自不可替代的优势。而当前留守儿童家庭教育窄化、家庭教育功能弱化，使学校教育与家庭教育很难实现良好的一体互动，致使学校规范和理性的教育优势很难充分发挥。

（四）公共基础设施公私合作建设亟待加强契约平等保护

PPP 模式虽然在我国基础设施领域有了快速的发展，但还面临诸多困难。招标暗箱操作普遍存在，没有与之配套的公开透明的招标制度和标书，市场信息分散，定价机制缺失，缺乏基本的规范标准，项目的审批重复缓慢，项目用地得不到保障等。政府在选择社会资本合作时，一个竞争的、透明的 PPP 程序非常重要。

一是法律制度规范亟须进一步完善。PPP 的法律制度建设是一项长期、艰巨复杂、非常重要的任务，亟须规范 PPP 项目的流程，规范参与方的行为，增强参与方的预期，合理分配项目风险。现行政策法规要求投资人必须在相当短的时间内投入资本，而大多数大型基础设施项目资金需求往往是阶段性的可分期投入，徒增企业融资成本。现行招标法禁止对标书上的条款、条件等作出实质性修改，禁止评标完成之后任何形式的谈判和协商，严重制约了投标人提出创造性意见建议的可能性和讨价还价的余地。获得审批的项目的性质和规模一般不允许审批后更改，即使项目开发者找到可以降低成本的途径，也不能减少需要投入项目公司的资本。现行法律法规相关规定容易引发资产价格评估纠纷，我国国有资产评估方法与国际商业评估方法存在一定差异，这可能导致对同一国有资产价值评估出现巨大差异，引发资产纠纷。当前 PPP 项目的投资周期大多跨越一任官员任期，难以消除社会资本对政策"朝令夕改"的担忧。

按照党的十八届四中全会的要求，政府要不断完善和健全"创新适应公有制多种实现形式的产权保护制度，加强对国有、集体资产所有权、经营权和各类企业法人财产权的保护"。目前缺乏关于公用事业和公共基础设施公私合作的专门立法，对公私合作基本流程、监管主体、参与主体、消费者的责权利、合作各环节发生争议的解决等问题都缺乏明确的法律规则。尤其是由于公用事业公私合作期限长、外部环境的复杂性、个人的有限理性、未来的不可预知性、有关公私合作的专业知识和专业人才储备严重不足、信息的不对称性和不完备性、风险评估的不足，难以实现合同的完备性，合同难以对违约风险、赔偿责任、解决办法等做出详细规定，很容易产生机会主义行为。一旦出现合同争议，容易导致合同无法正常履行，或者导致政府失信于投资者，或者履约成本高昂，或者国有资产受损。

二是投资风险分担结构亟待进一步优化。在实践中甚至经常发生政府对公共事业企业"一卖了之"，从而公共事业行业由公营垄断变成了私营垄断，竞争机制仍然难以形成，公共事业、公共服务的公共性更难以体现，加之政府监管的薄弱或缺位，公共利益更加难以保障。

三是政府职能转变亟须进一步到位。PPP 模式的推广亟须打破行政垄断，加大公平开放统一大市场建设的力度。目前无论在公用事业产品生产的决策环节还是生产环节，政府几乎都处于垄断地位，从而政府对公用事业的管理仍然过分依赖行政手段，经常以不当的行政指令和计划代替合同契约。① 目前行政部门还控制很多自己的企业，自己控制的企业直接提供服务，这种情况下就缺乏公平的竞争。要求打破地域垄断和所有制限制，把所有符合标准或条件的企业全部纳入特许经营资格公平竞争。政府应从原来的公共事业的直接兴办者和经营者转变为公共事业规划者、计划者、安排者、责任者和监管者。政府通过合同管理公共事业的生产运营，不再干涉企业具体运行，政府转变为公共产品政策的决策者、公共产品的安排者和政策执行的监管者、评估者。而政府监管缺乏统一性，横向各部门之间、纵向各层级之间职责界定不清晰，分工不明确，政出多门，政府监管方式单一，监管水平落后。价格监管使用的是"企业成本+税费+合理利润"的监管模式，导致激励力度不足；对于准入监管，特许经营者的选择缺乏科学的招标程序和机制，导致竞争不足，难于显示市场真实成本。②

三　亟须建立行政责任约束和产权激励"双动力机制"

由于公共服务场地、设施设备、建设资金等国有产权或集体产权等公共产权性质，仅靠行政责任约束，"反公地悲剧"现象时有发生，造成有限的公共服务资源浪费、投资及收益减少，亟须建立行政责任约束和产权激励的"双动力机制"。

（一）中等职业教育学校实训基地建设亟须加强校企合作

实训基地是中等职业教育学校在校学生学习实践技能的场所。课题组调查发现，中等职业教育学校实训基地建设面临诸多制约。实训基地可以分为校内实训基地和校外实训基地，实训基地建设需要大量的资金投入，尤其是校内实训基地建设更是投入成本高而利用效率低。一是实

---

① 崔运武：《论我国城市公用事业公私合作改革的若干问题》，《上海行政学院学报》2015年第4期。

② 宋军：《金融机构参与 PPP 面临的挑战及应对》，《重庆日报》2015 年 12 月 26 日。

训基地建设项目投入缺乏针对性。实训基地建设往往主要依赖上级政府的建设项目资金，而当前的项目转移支付制度法治化、规范化、民主化程度低下，项目资金往往是"跑部钱进"。以某市为例，往往远郊区县难以得到实训基地的建设项目，主城区的区县中等职业教育机构是"近水楼台先得月，向阳花木易为春"，容易得到实训基地的建设项目。主城区往往各类企业多，容易建成校企合作的校外实训基地，校企合作的实训基地是学校和企业双赢的最好方式，学校为企业提供免费劳动力，企业为学生技能训练提供平台和机会；而远郊区县往往是第二、第三产业欠发达地区，企业较少、企业行业较单一，建成校企合作的校外实训基地较难，更需要上级政府的校内实训基地建设项目资金，但往往更难获得。也即，亟须项目资金的难以得到资金，不是亟须项目资金的地方往往是"锦上添花"，容易得到项目资金。二是校内实训基地投入成本高效率低。调查发现，一些中等职业教育机构获得了实训基地建设项目后，纯粹是"花钱买设备、搁置做摆设"，主要原因是校内实训基地缺乏产品和服务的真实需求，单纯为学生学习而投入产品生产和服务的运行成本是学校自身难以承担的，更重要的是学校缺乏具备相应技能的专业师资来指导学生。调查发现，某中等职业教育学校依托相关企业优势建设实训基地，取得良好实效。该校汽修专业学生实训基地建设依托当地一个比较知名的汽修厂，学校出场地，当地政府给予该企业税收减免，企业在正常营业中开展对汽修专业学生的实践训练，实现了企业、学校和学生的"三赢"格局。

可见，掌握着公共服务项目建设资金的主管部门缺乏将建设资金利用效益最大化的动力，最终导致在公共服务项目建设经费的立项、审批、使用中"反公地悲剧"现象经常发生，导致公共服务资金浪费、投资收益减少。

（二）农村闲置校舍开发利用率较低，而建设互助养老公寓需求强烈

随着城市化进程的加剧，农村人口大规模向城镇转移，农村学生越来越少，学校闲置越来越多。而随着老龄社会的到来，农村的老人越来越多。留守老人的养老问题尤其突出。同时，农村村校闲置多，闲置学校主要是县以下的部分乡镇或农村学校、教学点。因此，有效利用闲置村校，

建设互助养老公寓亟须政策激励和制度保障。

　　2012 年，CQ 市全市仅村校闲置建筑面积达 171 万平方米，若按每人 10 平方米计算，可改造入住 17 万老人（见表 4-6）。2014 年，CQ 市 LP 县 BJ 镇闲置村校 2350 平方米，可改造入住 235 位老人（见表 4-7）。目前的村校不仅闲置，而且每年付出约 2 万元的看管费和维修费。CQ 市有 400 余万老人，LP 县有 20 多万外出打工者，有 17 万老人。据 BJ 镇社保所提供的数据，全镇有 3960 位老人，占总人口的 17.6%。其中，2/3 是留守老人，他们虽吃穿有保障，但 40% 老人生活水平较低，日常生活无人照看。若遇身体不适，到村卫生室也十分困难。80 岁老人还要自食其力，参加一定的体力劳动。所以，老年人集中居住，吃穿行医乐就有了保障，可提高养老生活质量和水平，从而逐步形成浓厚的尊老爱老养老风尚，逐步建成养老小区；他们的子子孙孙也会来看望、关心他们，产生一些消费，从而带动本地的经济发展。2014 年的《公共服务协同供给制度创新研究》调查发现，65% 的老年人有意愿集体生活（见表 4-8、4-9、4-10）。若将农村闲置校舍改建为养老公寓，充分发挥其资产的作用，不仅节约看管和维修费用，而且有一笔可观的收益。有效利用闲置村校改建养老公寓，比新征地新建养老公寓节约 80% 左右的资金。照此推算，CQ 市可节约 20 亿，LP 县可节约 4000 万元（见表 4-11）。

表 4-6　　　　　　CQ 市中小学闲置校园校舍汇总（2012 年）

学校类别	所数（所）	用地面积（平方米）	折合亩（亩）	校舍基本情况		
				校舍总面积（平方米）	房屋原值（万元）	房屋现值（万元）
学校总计	4421	8277823.81	12416.68	2029811.55	50227.12	74907.45
完全中学	3	35471.30	53.21	15839.00	332.68	1313.94
职业中学	1	6666.67	10.00	1868.00	32.31	12.62
初级中学	62	516830.40	775.24	149281.03	4041.22	6530.16
九年制学校	14	63769.34	95.65	14729.90	360.01	606.77
中心小学	20	120712.62	181.07	32135.85	660.64	1250.72
完全小学	82	371101.46	556.65	82202.09	3008.20	5739.31
村校	4221	6972673.56	10458.96	1709189.26	41484.44	59078.27
幼儿园	6	10346.50	15.52	6107.20	92.56	87.46
成人学校	5	8974.40	13.46	1517.37	81.46	106.80

续表

学校类别	所数（所）	用地面积（平方米）	折合亩（亩）	校舍基本情况		
				校舍总面积（平方米）	房屋原值（万元）	房屋现值（万元）
镇乡教办	5	7257.56	10.89	6516.05	130.60	171.40
实训基地	2	164020.00	246.03	140.00	3.00	10.00

资料来源：CQ市教育委员会基建后勤处。

表4-7　　　　CQ市LP县BJ镇闲置村校调查（2014年）

基本情况 村校名称	面积（平方米）	距集市距离（千米）	卫生室、便利店	可容纳人数
SX村SG小学	450	10	有	45
LF村LG小学	380	15	有	38
GH村RF小学	350	8	有	35
WT村NL小学	320	11	有	32
BX村SF小学	350	9	有	35
ZX村JG小学	500	3	有	50

资料来源：《公共服务协同供给的制度创新研究》课题组调查统计。

表4-8　　　　BJ镇闲置村校所在村老人分布情况调查（2014年）

情况介绍 村级名称	80/60岁以上人数	愿意入住人数
SX村	47/514	28
LF村	52/563	21
GH村	38/432	37
WT村	54/546	19
BX村	55/628	23
ZX村	49/556	43

资料来源：《公共服务协同供给的制度创新研究》课题组调查统计。

表4-9　　　　BJ镇ZX村JG自然村老年家庭住房情况（2014年）

房屋情况 老人年龄段	2间房	3间房	4间房及以上
60—69岁	23户	46户	52户
70—79岁	17户	33户	52户
80岁及以上	5户	16户	21户

资料来源：《公共服务协同供给的制度创新研究》课题组调查统计。

表 4-10　　　　BJ 镇 ZX 村 JG 自然村家庭情况（2014 年）

家庭情况 老人年龄段	子女在外（户）	子女在家（户）	家庭年收入 5 万以下/5 万以上	愿意入住人数
60—69 岁	78	43	32/89	18
70—79 岁	81	21	34/87	23
80 岁及以上	6	36	5/37	2

资料来源：《公共服务协同供给的制度创新研究》课题组调查统计。

表 4-11　　JG 试点互助养老项目与新建养老机构费用比较（2014 年）

资源类别 项目内容	闲置村校改造	新建养老机构	使用面积	备注
土地征用	0	700 元/平方米	500 平方米	利用闲置校舍，不产生征地费用
楼房建筑及维修	20000 元	1800 元/平方米	300 平方米	闲置校舍无须新建楼房，仅需维修
水电设备造价（元）	0	50000 元		
设备购置	15000 元	25000 元		家具、健身设备、家用电器、厨卫等
绿化美化	0	200 元/平方米		
消防设施	8000 元	8000 元		消火栓系统、灭火器
总造价（元）	43000 元	212000 元		

资料来源：《公共服务协同供给的制度创新研究》课题组调查统计。

　　一方面是公共服务资源闲置，另一方面是存在公共服务资源开发利用的需求和空间。但调查发现，少数闲置村校有再开发利用，但普遍情况下农村闲置校舍利用率不高，闲置甚至损坏十分严重。部分地方的农村闲置学校面临产权争议问题。部分地方的村集体和乡镇政府间、区县教育主管部门和村集体之间、县教育局和村集体及乡镇政府三者间、公民和村集体之间对被撤并学校土地使用权归属、对校舍房产所有权、对校舍房产收益权、对校舍房产处分权、对被撤并学校林木等土地附着物权属存在争议，① 这种产权争议在一定程度上制约了闲置资源的有效开发利用。但也有不少地方产权清晰。

---

　　① 巫志刚：《农村被撤并学校产权争议的类型、原因及其法律解决》，《教育发展研究》2012 年第 4 期。

早在 20 世纪 90 年代，区县教育主管部门就将所辖区域的农村学校的产权统一登记，并将土地登记为国有土地，尽管未经过征用，但当校舍闲置时，村集体、村民对校舍及其用地产权也未发生争议。但闲置校舍的再开发利用率仍然很低，无论是区县教育主管部门还是乡镇政府、村集体都对农村闲置校舍的再开发利用缺乏积极性和热情。究其原因，一方面随着当前农村城市化的加剧，农村住房闲置本身是普遍现象，农村住房并不稀缺。另一方面教育主管部门、乡镇政府及村集体对公共资产的节约利用缺乏根本的动力，最终发生"反公地悲剧"。课题组调查发现，一所地处人口较为密集的浅邱地区的绿树成荫的农村小学闲置后，无人维护，待校舍和设施设备被破坏殆尽之后，村集体在原场地上利用县民政部门拨付的 15 万元项目经费新建了一座"五保家园"，供该村的 5 名"五保"人员居住使用。

（三）中等职业教育学校"双师型"教师资格认证管理缺乏激励效力

课题组《公共服务协同供给的制度创新研究》调查发现，中等职业教育发展面临的最大制约是专业师资的缺乏。在近年来大力发展职业教育的政策推动下，各个地方加大了职业教育的发展力度，中等职业教育机构无论是软件还是硬件建设都有较大的改善。无疑，硬件建设只要加大资金投入，就能起到立竿见影的效果。但是，软件建设尤其是各专业技术人员的专业技能或服务能力的提高以及专业技术人才队伍结构的优化就相对艰难、相对漫长一些。但在中等职业教育机构的各种资质评估中，为了尽快达到考核要求，在专业技术人才队伍结构的优化中，一些地方甚至采用弄虚作假、降低标准等方式来提高专业技术队伍的学历结构和专业职称结构，其中中等职业教育学校"双师型"教师资格的认证最为典型。绝大多数中等职业教育学校严重缺乏"双师型"教师，而"双师型"教师认证的重要条件是人力资源与社会保障部下属的职业技能鉴定机构对教师的职业技能水平的认定，在教师取得了职业技能鉴定机构的认定后，凭取得的职业资格证书，通过相关的申报程序由教育主管部门认定为"双师型"教师资格。

《公共服务协同供给的制度创新研究》调查发现，一些地方的中等职业教育学校的绝大多数教师是"双师型"教师，但其中的大多数并不具备职业技能水平。究其原因，在认证过程中，职业技能鉴定机构并未真正对教师进行职业技能鉴定，只是填写相关的表格或申请，交点鉴定费，职业技能鉴定机构就统一发放职业资格证书。这样一来，就导致真正具备职业技能的"双师型"教师难以得到相应的激励，也不能进一步激发"双师型"教师的成长，最终导致职业教育的学生在职业技能的培养上缺乏职业技能师资保障。

（四）中等职业教育学校师资流动难教育资源难整合

《公共服务协同供给的制度创新研究》调查发现，绝大多数民办职业教育学校亟须教师，而民办中等职业教育学校的工资待遇、社会保险待遇、工作稳定性预期、职称评定障碍等都严重影响着民办职业教育学校对优秀专职教师的吸引力，民办中等职业教育学校的教师队伍建设十分艰难，公办教师的兼职可以大大缓解民办中等职业教育学校师资的紧缺。但不少地方政府明确限制中等职业教育学校教师到其他职业学校兼职。各地教育行政主管部门要么明文严禁教师兼职兼课，要么在教师职务评定、评先表彰、晋级等文件中做出规定禁止教师兼职兼课等，要么通过教师职业道德规范要求教师承诺不得从事兼职，或者有条件地"解禁"兼职。[①] 山东省人力资源和社会保障厅、山东省教育厅规定，在普通中小学、幼儿园、特殊教育学校、工读学校、中等职业学校，以及设区的市、县（市、区）教学研究、电化教育和少年宫等校外教育机构中教师岗位上工作的教师一般不得同时在两类岗位上任职。[②] 反对兼职的主要论点是中小学教师兼职有违教师职业道德之嫌，会导致全体教师都"向钱看"，对社会产生负面影响。这种观点有明显的片面性，只看到了兼职教师的劳动收入，忽视了兼职教师对社会做出的贡献，尤其没看到缺乏师资的学生对优秀教师渴求的眼神。并且，教师兼职是人力资源的充分开发和有效利用。当然，对教师兼职进行适当的规范和管理也是必需的，基本原则是兼职教师必须要保证在各个岗位上的教育教学质量不受影响。

---

① 罗朝猛：《我国公立学校教师可否兼职的法理学思考》，《中国教师》2009 年第 1 期。
② 山东省人力资源和社会保障厅、山东省教育厅：《关于中小学、中等职业学校中兼职从事教育教学管理工作的教师推荐评审职称有关问题的通知》（鲁人社办发〔2013〕51 号）。

（五）快递服务发展亟须相关主体资源和业务整合

2014 年国务院政府工作报告首次提出要推动快递行业的发展，要促进物流配送、快递业和网络购物发展。2015 年 5 月 7 日国务院发布了《关于大力发展电子商务加快培育经济新动力的意见》，对电子商务与快递物流协同发展作了新部署。全国快递业务量连续 46 个月累计同比增速超过 50%，支撑国内网购交易额突破 2 万亿元。重庆作为全国重要的综合交通枢纽和扩大对外开放的先行区，重庆市快递业具有巨大发展潜力和良好的发展环境。

重庆市邮政管理局统计数据显示，从 2014 年来看，重庆市规模以上快递服务企业业务量累计完成 1.39 亿件，同比增长 30.8%；业务收入累计完成 20.11 亿元，同比增长 46.8%，在全国各省排名中均为第 16 位；在全国前 50 位城市排名中重庆快递业务量排名第 22 位，快递业务收入排名第 20 位①。相比发达地区而言，重庆市快递业务市场需求与快递企业发展能力、发展水平的矛盾非常突出，快递市场主体综合管理水平比较落后，市场环境不完善、服务质量不高、寄递渠道安全与信息安全程度较低等问题日益凸显。突出问题是大型的综合性的快件集散中心建设滞后。重庆市快件集散中心项目于 2012 年启动以来，在市发改委主导和积极推动下，顺利完成了项目论证和选址工作。但是，在实施过程中，由于种种原因，导致具体建设项目迟迟难以推进。

目前，重庆市缺乏大型集中的快件中转处理场地这一制约行业发展的重要瓶颈已经凸显。多数快递企业分布于主城城区周边，经营分散，交通不便，市内收发件线路迂回导致运输成本高，总体上未形成规模聚集优势。快递企业也普遍受制于规模化仓储设施和大型装卸中心等作业场所稀缺、场地频繁搬迁等问题，作业设施与后勤支持的滞后，造成分拣、配送、投递等服务时限指标难以持续提高。同时，由于缺乏集中的分拨场地，导致快件分拣相关设施设备以及邮政、安检、海关等监管设施难以集中使用，影响了快递处理效能和行业监管的有效实施，不利于对交寄的违禁物品进行安全监管，严重影响快递业安全。尤其是快递业务农村末端投递能力不足。"小快递"服务"大民生"，快递末端投递是快递服务的重

---

① 数据来源：重庆市邮政管理局统计。

要环节，是行业发展惠及百姓、服务民生的重要体现。随着网络购物的高速发展，快速服务与城镇用户使用需求、生活习惯不匹配，造成服务满意程度降低。同时，由于农村邮站建设相对滞后，广大农村居民享受便捷、快速的网络购物存在一定难度，使得广大农村这一巨大的消费市场难以得到充分的发掘。

（六）病死畜禽无害化处理亟须健全财政补贴机制

病死畜禽被随意丢弃或流向餐桌的现象屡禁不止。近年来，央视《焦点访谈》《每周质量报告》栏目多次曝光病死畜禽问题，引起社会广泛聚焦：2013 年"黄浦江死猪漂浮"事件、2014 年"江西病死猪入市"事件、2015 年 1 月"病死猪出栏记"事件、2015 年 3 月"生猪收购黑幕"事件等等。这些年来，各地出现病死畜禽被随意丢弃和加工贩卖的事件，性质十分恶劣，必须引起高度重视和警惕，一旦病死畜禽被随意丢弃和加工贩卖，将造成生态环境污染、畜牧产业发展阻滞、畜禽产品质量低劣、人民群众生命安全受威胁等严重后果。近年来，畜牧产业发展迅速，规模养殖比例不断攀升，畜禽饲养总量持续增加。但畜禽病死亡总量也随之增加，一旦这些病死畜禽被不当处置，或被随意抛入江河湖泊，或被不法商贩非法制售，都将严重危害畜牧产业发展安全、畜产品质量安全、社会公共卫生安全和生态环境安全。

为此，按照 2014 年 10 月 20 日国务院办公厅发布的《关于建立病死畜禽无害化处理机制的意见》的要求，建立长效机制对病死畜禽实现无害化处理问题已成为目前一项十分紧要的工作任务，迫切需要解决。

病死畜禽无害化处理总量较大。2014 年重庆市农业委员会动物防疫检疫处统计数据表明，重庆市畜禽饲养量（存栏量＋出栏量）为：猪3634.50 万头、牛 204.95 万头、羊 4.59 万只、家禽 36770.39 万羽。按农业部规定畜禽正常死亡率（猪 3%、牛羊 1%、家禽 6%）测算，重庆市养殖环节每年的病死畜禽量为：猪 109.04 万头，牛 2.05 万头，羊 4.59 万只，家禽 2206.22 万羽[1]。另外，流通环节和屠宰环节也将产生不少病死畜禽及其产品。这些病死畜禽必须进行无害化处理，否则会危及社会公共安全与生态安全。

---

[1]　数据来源：重庆市农业委员会动物防疫检疫处统计。

病死畜禽工厂（场）式无害化处理能力有限。目前，重庆市建成并投产的专业无害化处理场仅有 1 家，即位于歌乐山的重庆市无害化处理场，拥有高温湿化和生物降解 2 条生产线，年处理能力 1000 吨左右。但由于高温湿化生产线产生的污水无法处理，基本处于停产状态，实际上在运行的只有生物降解 1 条生产线，年处理能力仅 160 吨左右。另外建成的 1 家无害化处理场位于荣昌区，2011 年建成，但由于周边住户反对，因此一直未投入使用。重庆市农业委员会动物防疫检疫处经对重庆市规模养殖环节病死猪无害化处理情况的统计，发现重庆市病死猪无害化处理高居前 3 位的分别为就地深埋（80.24%）、高温湿化（8.77%）和生物降解（6.51%）①。而大规模就地深埋有可能造成地下水严重污染，从而危及居民饮水安全和生态环境安全。

病死畜禽无害化处理财政补贴机制不健全。对实行无害化处理病死畜禽，国家已经出台了相关的财政补助政策。但现行病死畜禽无害化处理财政补助政策在实践中存在较大漏项：一是品种单一，只针对病死生猪，未涉及牛羊和家禽；二是补贴环节不全，只覆盖规模养殖环节和屠宰环节，未涉及农村散养环节和流通环节；三是补贴标准较低，每头病死猪的无害化处理费用仅为 80 元，与实际运营成本存在一定差距；四是保险联动机制未全面实施，目前重庆市畜禽保险主要覆盖范围较窄，多为种用（乳用）大家畜（猪、牛、羊），商品用畜禽保险工作有待进一步加强。

四 公共服务标准化制度化程度低信息资源共享难

2012 年 7 月 11 日国务院发布了《国家基本公共服务体系"十二五"规划》，8 月 2 日发布了《社会管理和公共服务标准化工作"十二五"行动纲要》。公共服务的规范化、制度化、标准化建设任重而道远。

（一）医保管理标准化程度低，制约大病保险服务外包

运用城乡居民合作医疗保险和城镇职工基本医疗保险基金结余向商业保险机构购买大病保险服务，是实现市场和行政手段协同供给医疗保险服务的重要途径。作为一种政策性保险，大病保险资金来自个人缴费

---

① 数据来源：重庆市农业委员会动物防疫检疫处统计。

和财政补贴，所有参加基本医保的被保险人全部参加大病保险，带有一定的强制性；大病保险交由商业保险机构承办，通过准确精算和专业医保管理，可有效控制过度医疗的发生。但是大病保险实现行政与市场协同供给面临以下突出问题。一是统筹层次低，协同难度大。大部分地区统筹层次集中在县级，且地方城乡居民合作医疗保险（城镇居民和新农合）和城镇职工基本医疗保险的政策标准、管理机构、管理职责等不统一，承担大病保险的商业保险机构需要跟众多的统筹区对接，增加异地结报、转诊管理难度。二是医保管理基础标准欠缺增大大病保险协同供给的难度。药品、医疗器械和诊疗项目缺乏统一编码，数据处理难；理赔人员在办理异地理赔结算时，须人工识别、比对并手工录入项目编码，异地结报效率低、难度大；保险机构难以对不同医疗机构的诊疗质量进行评价，难以对诊疗项目进行比价，增大大病保险经营风险，严重制约商业保险机构参与大病保险的经营管理。三是各保险公司自主研发的信息系统互不兼容协同对接难。缺乏业务流程对接的平台和机制，而大病保险异地就诊患者相对较多，保险公司目前考核体系难以量化各分支机构之间的业务往来，无法为异地就诊提供优质、高效、低成本的管理和结报等服务。四是相关机构责权利配置不合理。商业保险公司没有与医疗机构谈判的机会和价码，只是作为一个被动的结报机构，无法对医疗机构的诊疗行为进行引导和激励。[1]

（二）最低生活保障标准化信息化程度低，协同机制不健全

课题组就最低生活保障制度的实施情况在重庆市江津区、石柱县等地开展调查。2007年，最低生活保障制度在重庆市全面铺开，2008年7月25日，重庆市第三届人民代表大会常务委员会第五次会议通过了《重庆市城乡居民最低生活保障条例》（〔2008〕第13号），同年又印发了《重庆市城乡居民最低生活保障家庭收入核算办法》（渝办发〔2008〕第297号）。根据重庆市相关文件规定，江津区积极行动，根据本区的实际情况，在2009年出台了《江津区城乡居民最低生活保障实施细则的通知》（江津府发〔2009〕103号）。为了进一步完善农村最低生活保障制度，2013年3月，重庆市政府出台《关于切实加强和改进最低生活保障工作

---

① 宋志华：《发挥专业优势　服务大病保险》，《中国保险报》2013年11月20日。

的意见》（渝府发〔2013〕22 号），2013 年 10 月，重庆市民政局出台
《重庆市最低生活保障申请审批规程》和《重庆市最低生活保障动态管理
规范》（渝民发〔2013〕141 号），根据 22 号文件和 141 号文件相关规
定，2013 年 12 月，江津区人民政府根据本区的实际情况，修订完善并出
台了新的《江津区最低生活保障实施细则》（江津区府发〔2013〕82
号）。2013 年江津区常住人口 126.42 万人，辖 4 个街道、25 个镇，2013
年享受城市居民最低生活保障人数为 15162 人，享受农村最低生活保障
3.5 万人，供养农村五保对象 9816 人。①

　　一是低保政策执行程序烦琐，工作效率低下。江津区 29 个镇和街道
都设立了城乡低保核查站，配备了一名站长。这名站长除了要处理城镇和
农村的日常低保工作以外，还要负责双拥优抚、救灾救济、五保审批核查
等工作，每天还要接访前来咨询各种政策和救济的群众。如江津区先锋
镇，全镇约 6.3 万人，2014 年年末享受城市低保的有 185 人，享受农村
低保的有 1335 人，享受五保的有 913 人。如果按照《重庆市城乡居民最
低生活保障条例》（〔2008〕第 13 号）规定，对新申请低保对象经济情况
必须入户调查，进行三榜公布；对已经享受的农村低保对象，每年第一季
度要对低保证进行年度审核，并且每个季度、半年，还要对城市低保对象
进行审核和盖章。这样大的工作量，仅凭核查站站长一人，根本就无暇应
对。由于江津区现有的管理体制因素，基层民政干部管理由各镇镇府任
命，其人事管理由各地方镇府管理，而不少地方领导将重心放在招商引资
等见效快的事情上，对民政工作不够重视，将其视为陪衬，在人员配备上
没有进行综合考虑，许多镇将年纪大、文化水平低的同志放在民政岗位
上，根本不能适应社会发展需要。甚至有部分基层民政管理机构工作人员
缺乏必要的现代办公技能，不会电脑操作，不能独立完成低保资料输入和
信息处理，工作效率低下，很多重要的统计数据不能及时上报，导致无法
及时对低保申请对象进行审核调查，低保政策执行效率极其低下。更为严
重的是，由于部分基层管理机构对涉及民政的政策法规不熟悉，导致在执
行政策法规时，无法提高执行效率，导致政策落实上有偏差，使一些与困
难群众切身利益相关的、群众最敏感的、反映最强烈的社会热点问题不能

---

① 重庆市江津区统计局、国家统计局江津调查队：《2013 年重庆市江津区国民经济和社会
发展统计公报》，2014 年 1 月 23 日。

及时得到解决。

二是信息化程度低信息资源难共享。家庭成员、家庭收入、家庭财产、家庭消费支出等相关问题的信息化程度低下，信息资源难以获得。家庭成员的认定要求是城乡最低生活保障"按户施保"，明确以家庭为单位，以收入为依据，以标准为参照，实行差额救助；但在调研中发现，目前各乡镇在实际操作中普遍存在"拆户保"，或"按人施保"的情况。家庭收入的计算，包括申请对象家庭人员的所有货币收入和实物折价收入、财产性收入；家庭财产的认定包括共同生活的家庭成员拥有的银行存款、有价证券、机动车辆、船舶、工程机械、房屋、债权等全部动产和不动产。但因为信息化程度低下，居民收入财产信息共享机制没有建立，一些外出打工人员的收入难以把握，部分下岗失业人员的隐性收入、弹性就业难以核实，真实情况难以掌握。收入核查难问题成为城乡低保科学运行的重大瓶颈。因此，最低生活保障制度的标准化程度低，人口信息、金融信息、不动产登记信息、收入信息等各种信息资源的信息化程度低、共享程度低，资源难以共享，导致最低生活保障制度执行的可操作性和公平性难以保障。尤其重要的是，为防止骗保、错保的发生，享受最低生活保障资格的确认环节的民主评议和公开公示（三榜公布）极不利于对困难群体的人格尊严的保护，最终导致困难人群和其他人群无视人格尊严，争着吃低保，甚至骗保现象盛行，形成恶性循环，既不利于提高最低生活保障政策执行的有效性和公平性，也不利于提升人口素质和推进人的现代化。

（三）人口管理服务部门分割，信息资源难以共享

公安系统、计生系统和流动人口管理系统的人口信息系统独自运行，信息资源未整合，标准未统一，难以实现信息共享。公安系统人口信息基于保密等原因难以与流动人口管理机构实现资源共享，且公安系统的人口信息也难以满足流动人口管理的需要。而计生系统的人口信息主要限于育龄妇女，也难以满足流动人口管理的信息需求。前述养老保险政策执行面临的监管难题，诸如参保人员及相关主体采用弄虚作假、欺骗隐瞒的方式套取盗用、重复领取养老保险金和"4050社保补贴政策"的保险政策补贴，除了监管制度不完善、监管机构监管不力的因素而外，与社保信息、失业信息、用工信息等相关信息的信息体系不完善、各相关信息体系统筹层次低下、信息资源难以共享存在紧密关系。甚至可以认为，信息体系的

完善是监督管理制度发挥作用的重要基础条件。如果会计财务金融信息完备并能被有足够权威的相关公共机构查询，所开具的虚假失业证明、用工协议就很容易被证伪。

党的十八届三中全会提出，要健全基层综合服务管理平台。党的十八届四中全会强调，要提高社会治理法治化水平。2013 年以来，按照中央和市委的有关部署要求，重庆市把城乡社区网格化服务管理作为创新社会治理方式、提升基层社会治理水平的重要举措，作为深化平安重庆建设的重要基础性工程来谋划和推进。2014 年 2 月，重庆市综治委出台《关于全面推行城乡社区网格化服务管理工作的指导意见》（渝综委〔2014〕1号），对网格划分、力量配置、工作职责、工作制度以及工作保障等提出了明确要求。各地认真贯彻中央和市委的决策部署，以城市和城镇社区为重点，以"五个落实"（人员、待遇、职责、制度、保障）为标准，积极整合现有基层社会服务管理资源，大力推进网格化服务管理工作，取得了明显进展。据中共重庆市委政法委员会统计，截至 2014 年 10 月，重庆全市社区和行政村网格化覆盖率分别为 83.9% 和 57.5%，其中主城区及其他区县城的 1516 个城市城镇社区已实现了全覆盖。① 通过推行城乡社区网格化服务管理，有效地把社会服务的触角延伸到网格、楼栋、住户，使服务更便捷、管理更精细，实现了由"社会管理"向"社会治理"的转变，社会服务合力进一步增强，破解了社会服务最后"一千米"的难题。目前，重庆全市网格化服务管理工作总体上有序推进，但也存在一些亟须解决的困难和问题，主要表现在以下五个方面。

一是部分区县多网并行问题未解决。目前，在重庆全市基层社区，主要存在综治、警务、消防、市政、党建、计生、劳动保障监察等 7 个方面的网格，分别由市综治办、市公安局、市公安消防总队、市政委、市委组织部、市卫计委、市人力社保局负责组织实施。截至 2015 年年底，有 14个区县已将上述工作事项进行整合，有 24 个区县还未整合，仍然存在多网并行问题，造成管理资源浪费，也增加了基层负担，不利于工作开展。

二是政府网格职能职责层级定位不明。由于多网并行，从市级部门上看，大多从本部门工作需要出发，强调网格的职能职责，导致基层网格不堪重负。从目前趋势看，由于管理服务重心的下移，市和区县把一些相关

---

① 数据来源：中共重庆市委政法委员会统计。

管理职能委托给乡镇（街道），乡镇（街道）又向社区、网格转移，最后形成"网格是个筐，什么都可以往里面装"的一种被动应付局面。

三是网格化服务管理信息共享程度不高。目前，重庆全市已有9个区县自主开发了网格信息系统或依托群众工作服务信息平台，在本区县或城区实现了网格管理的信息化。但大部分区县由于缺乏信息化支撑，网格基础信息采集、录入、汇总、上报、分流处置等工作只能采取传统工作模式，不能及时录入、更新、共享，导致共享信息利用效率低。即便如党建、市政等建立了信息系统，并延伸到社区网格，但也由于现有各方面的信息系统不兼容，存在基础信息多头采集、重复采集问题，造成人力物力浪费。尤其是社会管理综合信息系统建设滞后，相关网格信息只能是部门或区域"孤岛"，不能形成全市的高度共享共用。

四是网格化服务管理工作经费保障不足。目前，大多数区县财政虽然落实了一定经费，但不能完全满足网格化工作的基本需要，制约了工作的良性发展。一些地区网格管理员待遇偏低，专职网格员待遇是800—2000元/月不等，兼职网格信息员一般可得50—500元/月不等的补贴，导致网格员队伍不稳定。而个别区县网格管理工作经费和专职网格员待遇均未落实，更难建立一支稳定的网格员队伍。

五是网格管理人员能力素质与工作要求不匹配。据中共重庆市委政法委员会统计，截至2015年年底重庆全市共配备专兼职网格员130399名，其中专职网格员31000人，仅占23.8%[1]。网格管理人员要求"一专多能"，但目前网格管理人员素质参差不齐，专职网格管理人员配备比例较低，现有人员中年龄普遍偏大，对网格化服务管理所需的业务知识和能力掌握不够，不能胜任网格化服务管理工作。同时，部分地区存在网格服务管理任务不够明确、网格管理人员职责不清等问题。

（四）突发事件风险管理标准化制度化程度低，风险防范协同难

2015年8月12日天津港发生爆炸，截至22日下午3时，共发现遇难者人数121人，失联者人数54人。[2]近年来我国由于自然灾害、社会

---

① 数据来源：中共重庆市委政法委员会统计。

② 《天津港爆炸事故已致121人遇难54人失联》，中国新闻网2015年8月22日。

冲突、生产管理与市场监管不善等因素导致的突发事件呈现上升趋势。据重庆市人民政府应急管理办公室统计,仅 2014 年,重庆市一共发生各类突发事件 6948 起,其中自然灾害造成的直接经济损失就达 118.73 亿元,占重庆市生产总值的 0.84%,超过城口、彭水、酉阳、巫山、巫溪等县的地区生产总值,分别超出重庆市对外承包工程营业额的 82.09%、对外服务贸易外包离岸执行额的 25.71%、旅游外汇收入额的 39.19%。重庆市市级财政仅在暴雨洪灾恢复重建方面的支出就达 12.19 亿元,约占市级财政预算支出的 1.26%,分别超过重庆市民政医疗救助直接支出的 55.35%、农村居民低保支出的 12.45%。各类突发事件的爆发严重耗费了重庆市内陆开放高地建设和社会民生改善所需的人力物力财力,加强突发事件风险管理刻不容缓。

一是尚未全面建立突发事件风险识别与登记制度。重庆市公共安全基础薄弱,风险隐患十分突出,属突发事件易发、频发区域,自然灾害、事故灾难、公共卫生和社会安全四大类共 311 种突发事件均有发生。截至 2014 年底,重庆市共有排查出的地质灾害隐患点 19244 处,道路交通、建筑、煤矿等各类安全隐患 52.1 万余个。除此以外,还有诸多缺乏统计和管理的风险,比如目前社会广泛关注的大气污染风险、食品安全风险、金融安全风险、网络安全风险、群众自发性聚集活动风险等。各类突发事件风险广泛存在于社会规划、建设、运行、发展的各个环节,数量庞大、领域分散、杂乱无序,是导致重庆市突发事件频发的重要原因之一。一旦致灾条件成熟,即会引发突发事件,并可能导致次生灾害,带来严重损失。安监、国土、卫生、环保等领域已建立起本行业隐患排查和风险识别机制。但大部分行业尤其是民族、宗教、农业、工业、教育、建设、交通、旅游、文化、金融、公安、外事、能源、网络信息等重点领域,至今未建立突发事件风险识别与登记制度。重庆市风险点的具体数量、分布区域以及风险点自身性质、周边环境等情况没有确切掌握,应急管理始终处于被动应对局面。加之近年来重庆市对外开放程度不断提高,外来输入性突发事件风险逐渐增大,境外宗教渗透、民族矛盾纠纷呈上升趋势,铁路运输、高速公路、水上交通等重要领域事故居高不下,鼠疫、霍乱、埃博拉等传染病也有案例。风险底数不明如地雷埋地,一触即发,对经济社会发展带来巨大隐患。

二是尚未健全突发事件风险评估科学标准。目前,重庆市国土、卫生、环保等行业已经建立了较为科学的突发事件风险评估体系，但大部分行业对风险隐患诱发突发事件的可能性和损失缺乏评估标准，对每个风险的危害程度基本上依照经验进行评估，结果往往与该风险的实际危害相去甚远，难以对风险危害性产生足够充分的认识，造成思想松懈麻痹、防范处置失当。如 2013 年青岛"11·22"输油管道泄漏爆炸特别重大事故、2014 年 12 月 31 日跨年夜上海黄浦外滩陈毅广场踩踏事件等，其中一个重要原因就是由于风险评估不到位，低估了事态的严重程度，致使应急准备不足、应急处置不当。重庆市近年因风险评估不到位、风险危害认识不足导致重大以上突发事件也屡有发生，如 2011 年渝北区两路回兴地区大面积缺水事件、2012 年巫山县巫师附小流行性腮腺炎疫情等，都是由于对风险危害性认识不到位、应对迟缓，导致事件升级，损害扩大，给社会稳定造成了严重影响。因此，各行各业都需要通过深入调查研究和科学分析，逐步健全突发事件风险评估科学标准。而风险评估科学标准的制定必须以深入调查、统计分析和科学研究为基础。以轨道交通拥挤踩踏事故为例，据不完全统计，国内外轨道交通发生拥挤踩踏事故的频率和危险程度仅排在火灾、恐怖袭击、脱轨撞车之后。

据重庆市公安局轨道交通总队统计，国内轨道交通自 2008 年到 2015 年发生拥挤踩踏事故 14 起，伤亡 105 人。拥挤踩踏事故发生的时段主要集中在上下班、节假日；站点主要包括换乘站点和毗邻商圈、交通枢纽、大型活动场所、院校等客流量较大站点；拥挤踩踏事故风险的位置主要包括自动扶梯（占 67%）、上下换乘楼梯（占 16%），及上下车门口处（占 17%），其中自动扶梯处事故的可能性最高，一旦出现故障，若控制不及时，人员极易受到惊吓而摔倒；拥挤踩踏事故风险诱因主要涉及人、设备、环境、管理 4 个方面，具体有跌倒碰撞（占 21%）、人群拥挤（占 18%）、惊跑（占 11%）、逆行回流（占 9%）、电梯故障（占 7%）、楼梯道路湿滑（占 3%）、电气短路断电（占 2%），其他（占 29%）如照明失效、设计缺陷、恶劣天气、应急管理缺陷、信息传递有误、携带放置物品等诱因。① 并据此为参照对重庆市轨道交通拥挤踩踏事故风险做出评估，轨道交通建设进程加快，风险概率提高；流量呈逐年上升趋势，风险发生率增加；少数车站存在设计缺陷，未综合考虑、落实应急疏散途径；轨道

---

① 数据来源：重庆市公安局轨道交通总队统计。

交通警力严重不足；预警机制尚未健全完善；面临多样化因素所致的拥挤踩踏现实威胁。在充分吸收经验和教训的基础上，才可能制定出科学的标准。尽管如此，风险评估的标准化程度还有待进一步提高。因此，各行各业须加强风险评估标准的科学研究和标准化建设。

三是尚未全面建立突发事件风险源头控制责任制度。目前各行各业尚未全面建立健全突发事件风险防范教育机制、权力配置制约机制、权力运行监督机制、风险预警处置机制、风险防控考核评价及责任追究机制、风险动态管理机制等。从应急管理工作实践来看，只要采取了有效风险防控措施的区域，一般不会发生严重的突发事件；造成较严重人员伤亡和财产损失的突发事件，往往发生在没有采取风险防控措施的区域。

2014 年，云阳县江口镇团滩村发生严重滑坡泥石流事件，由于事前隐患排查不到位，防控措施不落实，未开展应急演练，造成 11 人被埋死亡。再如 2014 年 "8·31" 暴雨洪灾中，云阳县大阳乡、奉节县大树镇等 30 余处地质灾害点成功避险，1.6 万余涉险群众得到及时转移，均得益于当地政府事先地质灾害隐患排查工作有效，预警措施、逃生路线清晰，才有效避免了群死群伤。我们现行的应急管理体制主要通过预警信息发布、预案编修演练等方式防范突发事件，没有从突发事件的源头，即风险识别、风险评估、风险控制上制定有针对性的防范措施，并进行应急准备，难以从根本上控制突发事件的发生和造成的损害。大部分行业突发事件风险管理职责不清、责任不明，基本上没有系统开展过风险管理，没有建立起风险信息发布机制，使社会公众对存在的各类风险了解不多，各种危险行为引发突发事件或扩大突发事件造成的损害。2009 年河南杞县 "钴-60 泄漏" 事件，因政府信息不畅，群众谣言漫天飞，全城逃离，上演新版杞人忧天；2014 年江苏南京 "铱-192 放射源丢失" 事件，由于不认识放射源，群众捡到后未及时交还，直到 3 天后才被找回，致使 1 人受辐射损伤，新闻媒体曝光后，引发较大的社会震荡，严重影响事件的平稳处理。同时，近年来一些网络媒体和意见领袖通过互联网大肆炒作突发事件，制造所谓的 "热点"，往往引起极大的社会反应。2011 年 3 月重庆市食盐价格异常波动，很大程度上就是由于网络炒作，群众盲目跟风，最终演变为大范围抢购。信息不透明，导致社会公众对突发事件和存在的各类风险缺乏正确客观认识，难以及时有效地防范突发事件。

五　公共服务市场亟须构建多元化立体监管体系

公共服务协同供给除了正面的制度激励外，还需要加强监管制度建设，通过监管制度约束来加大对服务过程和服务结果的监督管理力度，为公共服务主体的协同供给提供保障。

（一）职业技能培训项目实效性提高亟待加强项目监管

政府补贴的职业技能培训项目多、部门间交叉重复、培训对象缺乏针对性、培训内容专业性不强，资金使用效益低下。随着经济社会的快速发展、各级政府财政保障能力的增强以及各级政府对人力资源能力开发的重视程度的提高，各级政府人力资源与社会保障局、就业局、移民局、扶贫办、妇联、民政局、工会等相关部门从不同的行业系统需求出发，设立并开展了各级各类的职业技能培训项目。调查发现，早在 2004 年重庆市移民局编制《重庆三峡库区移民培训规划》，鼓励各级政府和相关职能部门积极引导移民参加各种技能培训，移民培训经费按培训项（课）目进行定额补助，由区县政府统筹掌握使用；2013 年重庆市通过实施职教扶贫计划，完成 10 万人次职业技能培训，平均每年培训不少于 3 万人。[①] 2014 年某县还利用政府补贴开展了劳务办家庭服务从业人员专项培训、"创办你的企业"SYB 创业培训、微企创业培训、就业技能培训、企业职工岗前培训、企业职工技能提升培训、失业培训、农村实用技术培训、岗位技能提升培训、农村致富带头人培训、三峡后续工作项目培训、蚕桑实用技术培训、退役士兵职业技能培训。

调查发现，一些地方的培训项目在不同部门分散重复、缺乏部门间的政策协同，造成培训资源浪费；并且项目分散在各部门，导致项目执行的监管难到位，对弄虚作假、虚报培训人数等难以监管。2014 年某县就业局开展 SYB 创业培训 800 人，同时移民局开展 SYB 创业培训 100 人；就业局开展就业技能培训 2200 人，同时移民局开展就业技能培训 5870 人；就业局开展微企创业培训 400 人，同时移民局开展微企创业培训 240 人，工会开展微企培训 250 人；就业局开展企业职工技能提升培训 200 人，移

---

① 李志峰：《重庆：未来 3 年完成 10 万人高山移民职业技能培训》，《重庆日报》2013 年 3 月 19 日。

民局开展岗位技能提升培训 1000 人；移民局开展实用技术培训 7550 人，同时扶贫办开展实用技术培训 4000 人。① 这些职业技能培训项目如能落到实处，对促进农业、农村和农民的发展将发挥重要作用。但在项目的实际执行中，青壮年多外出务工，留在农村愿意来参加职业技能培训的农民很少，一些培训机构就通过虚报培训人数或者以在校学生冒充培训农民等方式来套取职业技能培训项目资金，资金使用效益低下。

（二）医疗机构骗取医疗保险基金亟待加大监管力度

近年来，有关医院骗取医疗保险基金的报道，如《清远 4 民营医院骗医保被严处》②《民营医院全员集体造假骗取医保救助基金 40 余万》③《福建警方提醒：警惕少数民营医院骗取农村医保基金》④ 等，屡见不鲜。在贵州省毕节市、黔东南苗族侗族自治州、六盘水市等数个市州，从县级医院到乡镇卫生院、村卫生室再到私立医院均查出存在套取、骗取新农合资金的行为，通过农民"被住院"、信息造假、无病当有病治、虚增患者住院天数、假用药、假手术、过度检查、小病大治、把医保外收费转为医保内收费、重复收费、未提供服务而收费（空计费）等种种手段，诱骗农民"合谋"新农合资金。群众因"三免"得隐性实惠，医院套取资金得现实实惠。

2013 年重庆市审计局查出三家民营医院涉嫌通过虚假住院、伪造病历、虚增药品及诊疗项目数量等方式套取医保基金的违法行为。一是免费开药、体检加回扣政策招揽职工及其亲朋好友出借医保卡（医疗证）、身份证，编造虚假住院资料套取医保资金。医院会给借卡的参保人一些好处，某医院对城镇职工医保参保人员按医保结算金额的 13% 进行返还，城乡居民医保参保人员按医保结算金额的 5% 进行返还，但骗取的大部分医保基金则成为医院的纯利润。二是以免费治疗为名，伙同乡村医生诱骗民政救助对象住院治疗，以虚开药品、虚增诊疗的方式套取医保资金和民

---

① 《奉节县职业技能培训统筹办公室关于 2014 年政府补贴类职业技能培训项目招标公告》，2014 年 5 月 29 日。

② 戚莹莹、许明才：《清远 4 民营医院骗医保被严处》，《南方日报》2014 年 2 月 27 日。

③ 徐其勇：《民营医院全员集体造假骗取医保救助基金 40 余万》，《重庆晚报》2012 年 7 月 5 日。

④ 郑良：《福建警方提醒：警惕少数民营医院骗取农村医保基金》，2012 年 11 月 7 日，新华网，http：//www.news.163.com/12/1107/1018FNOC94800014JB5.html。

政救助资金。由于民政救助对象在医保基金报销之外还有民政救助资金，总的报销比例会更高。医院业务拓展人员在乡村医生带领下向"五保户""低保户"宣传免费住院治疗，在征得这些救助对象同意后医院包接送，好饭好菜好服务接待。这部分救助对象有很大一部分为老年人常见的慢性病，有的更是在无住院指征的情况下被诱骗住院，至于每次住院费用有多少、医保报账有多少、民政救助有多少他们一概不知。这样，医院让这些"五保户""低保户"构成住院的事实，但实质性的治疗不得而知，患者的病历和实际的诊疗项目、用药也是"两张皮"。在调查中发现某医院给患者输液的是价格低廉的氨基酸，但从医保基金中报销的却是价格昂贵的头孢米诺钠。[①]

究其原因主要集中在制度的执行不力和监管的缺位。一是行业监管不到位。医疗卫生主管部门对医疗机构主动检查监督的少。二是责任追究不到位。新农合行政主管部门对套取骗取资金的行为睁只眼闭只眼，甚至形成利益联盟。三是部分医疗机构管理运行不规范。发现普遍存在病历不齐的问题。四是政策宣传不到位、群众知晓率低。[②]

重庆市审计局探索总结了破解利用医保卡骗取医保基金的一套审计办法。一是对比药品进货量与医保结算量的差异，初步判定医院虚假用药、串换药品骗取医保基金的规模。虚假用药形成的医保结算药品数量与医院进货的实物量之间必然存在不平衡关系，从药品采购的原始单据入手，对比医保结算药品数据，锁定几种药品深入追查，可初步判定虚假用药、串换药品骗取医保基金的规模。

二是筛选民政救助对象在医保中结算的人员名单，对救助对象住院集中的乡镇进行调查。在医保结算表中筛选医院民政救助对象的报销记录，并按报销比例排序，计算报销的医保基金、民政救助资金占住院总费用的比重。从"＊＊医院 2011 年住院结算表"中按人统计住院次数、报销金额，选定住院次数多、报销金额大的人员作为延伸调查对象。对民政救助对象住院的集中度进行分析，选定住院人数多、报销金额大的乡镇作为延伸调查对象。制定入户调查方案和入户调查表，进行入户调查。取得低

---

① 《重庆市审计局破解民营医院骗取医保基金新招数》，重庆市审计局网站 2013 年 12 月 27 日。

② 郝迎灿：《新农合资金这样遭蚕食（民生调查）》，《人民日报》2015 年 8 月 17 日。

保、五保人员免费住院，医疗证被暂扣，且对住院费用、医保报销、民政救助金额不清楚的证据。根据入户调查情况对部分病历进行抽查，将病程记录与医保报账《药品项目药品明细单》逐一核对，发现虚开药品、虚增诊疗项目等方式多计住院费用问题。

三是对比医院职工花名册与医保结算人员名单，初步锁定职工虚假住院骗取医保基金疑点人员。将职工花名册与医保结算表建立关联比对，审查是否存在职工住院并结算医保的记录。查看医院考勤记录、住院当月工资发放情况和调查询问有关人员，核实疑点人员住院期间是否正常上班，是不是虚假住院。四是采取"攻心"政策突击调查相关知情人员。在收集了大量的审计证据之后，审计组对医院管理人员等相关知情人"动之以情，晓之以理"，采用"攻心"政策进行调查询问，证实医院以免费给职工开药、体检加回扣政策招揽职工及其亲属用医保卡、身份证编造虚假住院资料骗取医保资金；以免费治疗为名，伙同乡村医生诱骗民政救助对象住院治疗，以虚开药品、虚增诊疗的方式骗取医保资金和民政救助资金的违法行为。①

（三）养老保险政策执行亟待加强监管力度

养老保险政策的执行和实施同样面临参保人员及相关主体采用弄虚作假、欺骗隐瞒的方式对养老保险金、政策补贴的套取盗用、重复领取等现象，亟须加强监管，以促进公共服务相关主体的协同供给。

《公共服务协同供给的制度创新》调查显示，办理促进困难群体就业的"4050社保补贴政策"的流程主要包括：一是城镇居民首先参加城镇企业职工养老保险并缴费；二是到户籍所在地村（社区）居民委员会出具《失业证明》；三是到社保所办理失业人员登记；四是与个体工商户签订《用工协议》；五是凭借《用工协议》和相关资料到社保所办理社保补贴。自此，便可每季度或者半年享受个人缴费约2/3的社保补贴。在此过程中，首先便由村（社区）居民委员会出具《失业证明》的环节，只要是属于该地区的城镇居民户口，村（社区）居民委员会基本不会对来办理失业的人员是否真正失业进行基本的核实，然后拿到基层社保所失业人

---

① 《重庆市审计局破解民营医院骗取医保基金新招数》，重庆市审计局网站2013年12月27日。

员登记系统进行登记，于是该人员便是国家承认的失业人员了。之后，随便找位个体工商户签一份《用工协议》，该人便属于符合"4050"政策规定的一员。个体工商户本人也能通过弄虚作假办理"4050"社保补贴，只要他找其他个体工商户，随便制作一份"用工协议"就行了，仍然能够享受个人缴费的 2/3 的社保补贴。这便是基层相关机构办理"4050 社保补贴政策"的基本现状。

养老金重复发放也时有发生，主要存在三种情况。一是存在跨省重复领取养老金的情况，比如某人已经在 A 省正式退休领取养老金，但该人早年曾在 B 省参加过工作，因为早年在 B 省并未参加养老保险，后根据 B 省政策，该员可以在 B 省以一次性缴纳的方式参加 B 省的养老保险，便能够以同一身份同时在 A 省和 B 省领取养老保险金。二是因参加的险种不同而产生的养老保险重复领取。比如某人于 2010 年在重庆市某区参加了重庆市城乡居民养老保险，后于 2012 年底因符合条件而参加了重庆市超龄人员养老保险，并且待遇从 2011 年 7 月开始补发，这就人为地导致了该人员从 2011 年 7 月开始重复领取城乡居民社会养老保险金，而社保机构发放超龄养老金待遇的同时因无政策不能直接从领保人账户中扣取该人重复领取的养老金，最后只能要求该人带现金到当地社保所退回重复领取的待遇并完善相关手续。这不仅给基层社保经办机构的工作人员增加了巨大的工作量，最主要的还是给办理社保的群众造成了许多的不便。某社保工作人员在某基层社保所工作期间共追回了约 50 万元重复领取的养老金，且还存在重复领取后不能追回的情况。三是移民仍然享受社保。某人已经移民海外国家，已不再是中华人民共和国的公民，这种人在国外能够享受到当地优厚的养老待遇，该人员虽然移民，但此人在国内社保系统内的参保信息仍然存在，是以仍然可以在国内领取相应的社会养老保险金。

第三节　服务方式协同面临的制度障碍

公共服务需求的多样性要求公共服务主体的多元化和公共服务生产供给方式的多样化，而公共服务的政治性、公共性和公平性要求政府承担主体责任，但又要防止行政垄断和行政体制的僵化，这就要求行政、市场、

社会等多种方式的协同供给。调查显示，政府、市场、社会多元协同供给
亟待继续深化制度改革来推动和保障。

一　公共服务供给侧财政投入方式缺乏竞争激励效力

公办公共服务（事业单位）仍然是当前公共服务的主体，尽管已经
改革开放 40 年，但公办公共服务的财政投入方式及管理方式仍然严重制
约着公共服务效率和质量的提高。

（一）中等职业教育机构的不公平竞争导致公办教育资源效率不高

公共财政针对中等职业教育机构的不同身份（公办还是民办）采用
差别化的财政投入方式，制约了中等职业教育机构之间的公平竞争，导致
公办教育资源利用效率不高。课题组对西部 K 县中等职业教育的调查反
映，K 县每年约 2 万名初中毕业生，约 50% 的学生进入普通高中学习，有
近 50% 的学生需要进入中等职业教育学习职业技能。但 K 县只有一个职
业教育中心，最多能容纳 7000 名学生，即每年只能解决 2000—3000 名中
职新生入学，只占到每年初中毕业生总数的 10%—15%。K 县另有两所民
办中等职业教育学校，每所能容纳大约 2000 名学生就读。其中，CQSX
高级技工学校 2013 年招生 650 人，每期收费 2300—2400 元（包括学费、
住宿费、书杂费，由学生承担）。即每年 K 县中等职业教育能解决 4000
人左右的入学问题。F 县有一所民办中等职业教育学校，该校能容纳 2000
名学生上学，其他情况与 K 县类似。总之，中等职业教育的容纳能力与
现实需求之间还有一定差距。

2014 年，K 县中等职业教育学校无论公办还是民办均可获得政府生
均经费补助每年每生 1200 元，学杂费每年每生 2000 元，按实际入学人数
划拨。学生自己交纳书本费每人每年 700 元。K 县唯一的公办职业学校共
有学生 6000 多人，按照每生 3200 元计算，该校仅这两项经费一年共有近
2000 万元。这 2000 万元主要用于学校的一般性建设发展和日常学杂费用
支出，往往能有一定的结余，还可以用于该校教师的一些工作补助。该校
有 350 名教师，普遍反映，中等职业教育学校这些年的效益优于普通中等
教育学校，职业教育学校教师的积极性得到一定的提高。但对于民办职业
教育而言，还得从这些经费里面考虑教师的工资和绩效奖金。K 县所有事

业单位的经费由县财政统一管理，K 县公办职业教育学校的运行经费在
2014 年还有几百万元的结余。县财政对各事业单位的结余资金进行调剂
使用，这在一定程度上，会对该公办职业教育学校招生创收的积极性造成
不利影响。

而民办中等职业教育面临更多制约。尽管在政府的生均经费补贴和学
生学杂费补贴、各种项目建设补助等方面民办中等职业学校与公办中等职
业学校享受同等待遇，但公办职业学校教职工的工资和绩效奖金等报酬是
由政府财政承担，而民办职业学校教职工的工资、绩效奖金等报酬得由民
办职业学校学生承担。2014 年民办职业学校学生比公办职业学校学生每
人要另外多交 4200 元/年的学费，为民办职业学校教职工提供工资待遇和
绩效奖金，那么，就读公办职业教育学校与民办职业教育学校的学生负担
是不一样的，这也就形成了公办职业教育学校与民办职业教育学校在招生
上的起点条件是不一样的，对民办职业学校而言，是不公平的。更何况，
民办职业学校在学校场地（尽管教育用地价格低于商业用地价格，而公
办教育的用地是无偿的划拨地）和校舍建设等方面有大量的前期投入，
作为投资人，还有一个投资回报的压力。尽管对民办教育的定位是非营利
性，但调查中普遍反映，民办教育的投资人仍有投资利润回报的期待和要
求。政府和社会要认可民办教育投资主体合理的投资回报要求，否则，公
共事业的多元化投资就将面临更大的制约。在民办中等职业教育学校与公
办中等职业教育学校的不公平竞争中，民办学校教师的工资和奖金待遇就
可能比公办学校教师低，没有公办学校教师的工资报酬有保障，社会保险
待遇（民办学校教师反映，民办学校一般是按最低标准给教职工交纳社
会保险费用）也较低，而且在教师职称评定（没有"婆婆"管，没有专
门的组织来承办职称评定的具体事务，需教师自己去张罗）等方面，也
不及公办职业教育学校组织有力，因此，民办中等职业教育学校对教育人
才的吸引力也较低，师资队伍建设面临制约。但是因为民办中等职业教育
学校对学生的收费高于公办中等职业教育学校，民办中等职业教育学校要
比公办职业教育学校有更高的吸引力，才能有足够的生源，才能生存。因
此，这就要求民办中等职业教育学校有更优质的教育，或者在专业设置和
培训方式等方面有自己的特色，民办职业学校的投资吸引力和发展条件仍
然受到诸多制约。

总之，在目前的办学体制下，民办中等职业教育与公办中等职业教育

存在严重的不公平竞争，要求民办中等职业教育学校及其教师以比公办中等职业教育学校及其教师更低的待遇提供更优质的教育。这在本质上，就是公办教育资源的低效率和浪费。

（二）公立医院的财政投入管理方式亟须从粗放型向集约型转变

目前公立医院公益性质的实现形式、投入方式和管理体制尚难实现促进医疗资源合理分布、缓解群众看病难看病贵的现状、提升医疗服务质量群众满意度的目标任务。医疗资源的投入方式亟须从粗放型向集约型转变。优质医疗资源增长缓慢，低层次医疗资源增长快。重庆市卫生和计生委员会提供的数据显示，2014 年重庆市全市优质卫生资源少，三甲医院只有 23 所，占 4.06%，二级医院 106 所，占 18.73%。还有部分区县尚无二级以上医院。优质卫生资源分布极不合理，重庆全市三级医院、市属医院等优质医疗卫生资源主要集中在都市功能核心区，甚至形成了"三甲医院一条街道"的现象。2014 年重庆市全市有各级各类医疗机构 18765 个，其中，医院只有 566 个，医院数占医疗机构总数的 3%；规模小、层次低的社区卫生服务中心、乡镇卫生院、村卫生室和门诊部占医疗机构总数的 97%。2014 年末重庆市全市有卫生人员 210253 人，其中卫生技术人员为 142218 人，虽然人员总数连续增长，较医改前的 2008 年增长了 59.8%，但新增两江学者、突出贡献专家、中青年骨干等高层次人才非常少，每年仅以一位数增加，因此高端人才屈指可数。[①] 重庆全市卫生技术人员中，硕士以上学历、副高以上职称的卫生人才占比较低，与建立长江上游医学高地极不相称。在基层特别是农村，医疗机构人员队伍引进难、服务能力低、年龄大的问题还比较突出，人员流失较大。乡村医生养老保障和退出机制还不健全，人员队伍不稳、难补充的问题依然存在。

近年来，国家投入了大量资金，为广大群众提供免费公共卫生服务，但落实不够好，群众利用率和感受度不高，以致投入与预期产出效果有差距，几项主要健康指标该降没降，该升未升。重庆市卫生和计生委员会提供的数据表明，2013 年，重庆市全市孕产妇死亡率为 0.17‰，婴儿死亡

---

① 数据来源：重庆市卫生和计生委员会提供。

率为 6.54‰，新生儿死亡率为 3.87‰，5 岁以下儿童死亡率为 10.01‰，较 2012 年均有所升高。2013 年，重庆市全市常住人口平均期望寿命为 77.61 岁，较 2012 年减少 0.20 岁，其中男性 74.78 岁，女性 80.90 岁，较 2012 年分别减少 0.18 岁和 0.20 岁。①

公立医院改革是医改的重点和难点，但据课题组调查统计，重庆市全市 281 所公立医院中，只有 20 个区县的 39 所公立医院开展了改革，取消了药品加成，但还有 86% 的公立医院没有进行改革，"以药补医"的不合理运行补偿机制仍在继续。医疗服务质量群众还不满意，运行监管力度还需进一步加强。药品价格贵，大病住院贵仍然存在，2014 年重庆市全市门诊病人均费用、住院人均费用分别较 2013 年增长 18.24%、7.49%，医院平均住院费用 7487 元，且是一个保守数字，"看病贵""因病致贫、因病返贫"等问题还没有得到很好的解决，群众的反应比较强烈。可见，公立医院公益性质的实现形式、投入方式和管理体制还需进一步深入探索。

目前医疗卫生的财政投入方式、管理体制不利于营造公立医院之间、公立医院和民营医院之间公平竞争的市场环境，在一定程度上抑制了民营医院的发展。据调查，重庆市民营医院规模小，2014 年虽然民营医院数占了医院总数的 51.06%，但其床位数只占 15%，远远不足与公立医院竞争，也不能满足人民群众特殊的卫生需求。

公立医院的财政投入方式应从对医疗服务机构的直接投入向对医疗卫生服务对象消费行为的间接投入转变。当前多数地方的公立医院、区县级医院、乡镇卫生院、社区卫生服务中心、村卫生室的财政投入方式主要包括：工资和运行费用按职工人数拨付，公共卫生经费按服务人口数拨付，专项经费按项目预算拨付。在医疗服务机构和设施设备基本普及的情况下，医疗卫生的财政投入方式要求更加深入的改革，建立起更加具有激励力的财政投入方式。财政投入要逐步更多用于充实公民个人的医疗保险和公共卫生账户资金，通过患者或消费者的自主选择，使财政投入通过患者或消费者的消费行为间接支付给服务质量更好、价格更优惠的医疗服务机构，从而建立起竞争的原动力。

公立医院的分配机制应从注重业务收入向注重服务产出和绩效转变。

---

① 数据来源：重庆市卫生和计生委员会提供。

当前多数公立医院的分配机制存在不正当激励，将医生的个人薪酬和绩效奖励基础与科室业务收入紧密挂钩，客观上鼓励医务工作者为了自身利益不惜牺牲患者利益，增强了医生开大处方、过度检查的动力，加剧"看病难、看病贵"。

（三）基层医疗卫生投入缺乏市场针对性，闲置与不足并存

农村计生服务站和卫生院、村卫生室等医疗资源的重复投入和近年来农村医疗卫生的盲目投入，导致农村医疗卫生资源的闲置浪费严重，而同时农村居民的医疗服务需求得不到满足。重庆市卫生和计生委员会提供的数据显示，2014 年重庆市全市有各级各类医疗机构 18765 个，其中，医院只有 566 个，医院数占医疗机构总数的 3%；社区卫生服务中心、乡镇卫生院 1136 个，占医疗机构总数的 6%；其余的 91% 为规模小、层次低的村卫生室和门诊部。优质医疗资源增长缓慢，低层次医疗资源增长快。江津区全区共有乡镇卫生院 27 个，病床 435 张，职工 824 人，其中技术人员 702 人，占职工总数的 85% 以上。技术人员中，执业（助理）医师 297 人，占技术人员的 42.3%，注册护士 208 人，占技术人员的 29.6%。乡镇卫生院拥有业务用房 1.7 万平方米，每千人拥有病床约 2 张，医疗设备中 B 超 62 台、心电图机 27 台、生化分析仪 27 台、尿液分析仪 27 台、电子阴道镜 35 台、乳腺诊断仪 27 台；其他电子设备中电视机 12 台，计算机 94 台。[1]

江津区全区共有乡镇计生服务站 21 个，其中中心站 10 个，普通站 11 个，21 个乡镇服务站全部取得计划生育执业许可证。全区计生服务站共有职工 79 人，其中医技人员 61 人，占职工总数的 77.2%。技术人员中取得职称的有 41 人，占技术人员的 67.2%。全区乡镇计生站拥有房屋建筑面积约 6000 平方米，病床 79 张，医疗设备中 B 超 39 台、红外（微波）治疗仪 13 台、影灯 21 台、血液分析仪 5 台、尿液分析仪 7 台、电子阴道镜 21 台、乳腺诊断仪 19 台；其他电子设备中电视机 31 台，计算机 21 台。[2] 乡镇卫生院和计生服务站重复设置导致业务交叉现象严重，计生服务站人员、设备闲置严重，机构分设、行政管理成本过高，群众就医需

---

[1]　数据来源：重庆市卫生和计生委员会提供。

[2]　数据来源：《公共服务协同供给的制度创新研究》课题组调查统计。

求得不到有效满足。

以江津区西湖镇为例，2012 年西湖卫生院业务量不足，就诊人数占本辖区诊疗人数的 1/4 左右，病床利用率不到 30%。① 西湖计生服务站共有房屋 12 间，科室齐全、设备优良，却仅开展一些简单的妇科病检查治疗，这就导致一些设备器械长期闲置不用，有的甚至早已布满灰尘。西湖计生服务站 2012 年新购置的血液分析仪、尿液分析仪等器械长期未启用。加之站内技术人员多数系临聘人员，没有纳入编制内，晋升无望，同时站内业务较差，一整天无人问津的情况也不在少数，因此，长期服务于基层计生工作的专业技术人员特长得不到充分发挥，改行、调离计生岗位，寻求其他工作机会的也不在少数。

农村卫生室、乡镇卫生院、计生服务站等医疗卫生资源高度分散、机构重叠，必然分散财力、技术力量、技术装备和物资设备，严重制约着管理和技术服务水平提升，影响到群众对乡镇卫生、计生机构和村卫生室的信任度。农民就医不去乡镇而是去区县，更不要说村卫生室，这将严重制约乡镇医疗卫生事业的健康发展和农村公共卫生服务体系的健全，更会影响到党的惠民政策的落实。由于农村医疗卫生机构就医环境较差、高水平医技人员缺乏、服务能力低下，多数乡镇卫生院和计生站已不是农村居民就医的第一选择，辖区内一些需要进行手术并住院诊治的病人大部分偏向选择区级、市级医院，严重影响了农村医疗卫生事业的发展，使得农村医疗服务体系面临前所未有的挑战，农村医疗卫生体制改革显得尤为紧要和迫切。

（四）公办养老机构供需错位现象严重，闲置与不足并存

截至 2015 年 11 月底，北京全市公办养老机构中的 158 家街道乡镇级机构床位严重空置，部分机构入住率甚至还不足 1%。部分公办机构仍然对接受对象有着制度性制约，全市 158 家街道乡镇级公办机构约 60% 只接收 "三无" "五保" 人员，不对社会开放。而且，公办机构管理层经营动力不足，限于事业单位收支两条线，财政统发工资，管理层对运营情况不太关注。②

---

① 数据来源：《公共服务协同供给的制度创新研究》课题组调查统计。

② 蒋梦惟：《管理体制僵化等痼疾待解 北京部分公办养老院入住仅 1%》，《北京商报》2016 年 2 月 1 日。

二　需求主体缺乏选择权制约公共服务供给竞争

公共财政投入方式的僵化、行政权力对公共服务市场的垄断在一些公共服务领域还不同程度地存在，严重制约着公共服务对象的选择权和自主性，导致公共服务供给主体的竞争动力不足。

（一）中等职业教育学校生源的行政保护

面对学生及学生家长对职业教育的偏见或不重视、中等职业教育发展的不平衡、本地中等职业教育发展的局限以及中等职业教育学校间竞争的不充分，不少区县教育主管部门对中等职业教育的生源进行了行政控制，采取多种措施对初中毕业生的升学选择进行干预。教育行政主管部门给各初级中学毕业年级或班级定指标，必须保证到各中等职业教育学校入学的学生数量；并且教育行政主管部门还设置了对各初级中学向中等职业教育学校送生指标任务完成情况的考核任务。这在一定程度上限制了学生的选择权和中等职业学校在教学质量上的竞争，必然削弱各中等职业学校提高教育教学质量、打造职业教育品牌的动力。

（二）机动车非法营运整治难凸显客运服务供给方式协同程度低

2009 年 10 月，上海曾发生 18 岁司机愤而断指自证清白的钓鱼执法事件，凸显机动车非法营运整治难的一个方面。非法营运即人们常说的"黑车"，是指未取得道路经营许可的车辆擅自从事道路运输经营的行为。目前，各大城市与各个区县非法营运现象普遍，呈现"数量庞大，分布广泛，形式隐蔽，对抗性强，危害较大，整治较难"的总体特点。

调查发现，非法营运的现状十分严峻。一是非法营运的机动车数量庞大、分布广泛。据不完全统计，重庆市非法营运车辆在一万辆以上（因为非法营运车辆为了逃避打击，随时都在变换车型和车牌，因此无法统计准确数字）。根据非法营运车辆的运行范围可以分为跨区县的长途非法营运和本区域内的短途非法营运。跨区县的长途非法营运主要通过行驶高速公路到达目的地，主要为各区县到主城区的线路。短途非法营运主要是在区县的城区内从事旅客运输。非法营运主要车辆类型为比亚迪、海马、荣威等代步轿车型和金杯、瑞丰、长安等七座以上面包车，多数车辆为按揭贷款车。

目前高速公路的非法营运车辆逐步向七座以上大型车辆发展，且非法营运方式也逐步向集团化、组织化、专业化方向发展。二是非法营运事故多、危害大。非法营运车辆事故频发。非法营运从业人员多是未经正规培训，素质参差不齐，安全意识淡漠，从业人员疲劳驾驶、超速、超载现象严重，加之非法营运车辆车况差，极易引发交通事故。而且非法营运车辆保险差，甚至没有保险，一旦发生交通事故后没有赔付能力，导致受伤或死亡的乘客得不到赔偿，从而引发群体事件和不稳定因素。2015 年重庆市发生在高速公路上的两起较大事故均和非法营运车辆超载、超速等违法行为有关，分别是沪蓉高速长寿段的"1·30"事故，造成八人死亡；兰海高速北碚段"4·2"事故，造成三人死亡。非法营运严重扰乱合法运输市场。非法营运车辆不缴纳国家税费和企业管理等费用，侵害了合法经营者的利益，破坏了正常的客运秩序，形成了不正当竞争，影响了客运企业和客运市场的正常经营和发展。非法营运严重扰乱社会治安。非法营运从业人员及"羊儿客"长期在城区内揽客抢客、聚众滋事，易滋生各种违法犯罪活动，其组织化、团伙化经营更容易引发治安、刑事案件，加大社会管理难度。2014 年 8 月，重庆邮电大学一名女大学生被"黑车"驾驶员杀害一案就是典型案例。

非法营运难以查处、取证困难。一是非法营运规模化、集团化经营趋向严重，对抗执法的手段和方式逐步多样化，想要查处十分困难。现在非法经营集团内部专门有负责收集信息的"线人"、有负责发布信息的"信息员"、有负责接驳运输的"调度员"等。一旦执法部门开展整治，非法经营者马上就会收到线报、改变线路、停工休息或则采取接驳运输，逃避执法部门的打击。同时，驾驶人及非法经营者暴力抗法现象十分突出，殴打执法人员、开车撞人、冲击执法机关等现象经常发生。二是乘客不配合，取证困难。在查处非法营运的过程中，通过和乘客交流并分析，发现绝大部分乘客由于急于赶往目的地、长期乘坐某辆黑车与驾驶员彼此熟悉、同情黑车驾驶人、害怕打击报复、多一事不如少一事等种种原因，对执法部门调查取证十分抵触、拒不配合。部分乘客不但帮助驾驶人隐瞒非法营运事实，更有帮忙起哄、威胁、谩骂执法人员的情况发生。

非法营运罪名难定、处罚无力。一是检察院与法院在"非法经营"罪名的适用上争议较大，致使非法营运及"羊儿客"团伙长期逍遥法外，屡打不绝。二是行政处罚手段单一（交通执法部门只有罚款处罚），造成了非法营运人员缴款后再营运的恶性循环。三是处罚难以执行。非法营运处罚金额较大，法律规定为 3 万—10 万元的罚款，但非法营运从业人员大多为社会最底层人员，大多数缴纳不起罚款，大多数拒不缴纳罚款，致使涉案车辆进入烦琐的非诉执行程序。而涉案车辆大多数为按揭车，涉案人员均无任何财产，即使进入非诉执行程序也是无功而返。如果是残疾人非法营运车辆被查后，残疾人大都不会缴纳罚款，对残疾人非法营运的处罚更是一纸空文。

交通执法孤掌难鸣，非法营运亟须协同治理。一是维稳压力导致执法部门主观整治不力。部分单位和部门担心因整治而引发群体性事件，迫于维稳压力，对非法营运检而不查、查而不处，尤其是对待残疾人非法营运更是束手无策，致使部分涉残非法营运人员有恃无恐，甚至出现个别区县残疾人聚众滋事，要求政府认可其营运合法，造成较坏的社会影响。二是非法营运人员主动挑起群体性事件。执法部门在查处非法营运时，经常会碰到黑车从业人员采取极端行为逼迫执法部门放车或减免罚款。如赖在执法单位办公室吃睡，骚扰办案人员及家属，邀约老人、小孩、妇女、残疾人纠缠办案单位，甚至群访、游行、堵道、自残、跳楼等行为屡见不鲜。表现尤为突出的是残疾人群体。由于他们天然占据社会舆论有利位置，且通过残联或其他方式互相结识抱团后，摒弃了收入低、劳动强度大的传统正规行业，形成了有组织的非法营运。一旦被查，他们互相帮助，通过共同上访、聚众闹事、公共场所集体表现自残行为等手段胁迫执法机构就范。三是舆情压力大。在网络媒体普遍同情社会底层人员的大背景下，黑车驾驶人特别是残疾人得到了舆论的理解甚至支持。一旦发生极端事件，媒体煽风点火、网民不讲根由、舆论几乎是一边倒的指责、谩骂、贬损执法部门。此类矛盾绝非高速执法部门在执法过程中讲文明、讲方法、讲策略能够解决。因此在严格执行处罚的结果就是极端事件、舆论压力的情况下，执法部门投鼠忌器，要么大幅减免罚款、要么一放了之。四是交通执法孤掌难鸣。行政执法应对个别违法、扰乱社会正常秩序的行为及时进行纠正，通过经济处罚等较轻的强制手段予以处置。而目前黑车数量已经十分庞大，并形成全国性的社会问题，单靠交通执法部门一家单位无异于杯水车薪。

非法营运整治难的严峻现状凸显正规客运服务供需严重不平衡，亟须客运服务供给方式协同。一方面是正规客运服务难以满足群众出行需求。非法营运出行便捷、群众偏爱。由于非法营运车辆存在"票价"相对较低、"点对点"运输方便旅客、发车时间地点机动灵活等客观原因，一直以来在群众出行中很有市场。黑车的壮大与蔓延从根本上说，是人民群众日益提高的客运服务需求与正规客运班车落后的服务水平这一根本矛盾导致的。或者说，是职能部门本身对客运管理的低水平和客运公司僵化的经营方式共同导致的。另一方面是现行客运服务管理体制禁锢了客运服务的供给能力，徒增了客运服务的供给成本。非法营运具有成本低、投资少、见效快、收益多等特点，极大地吸引了大批无业和失业人员加入此行业。根据调查了解，从事非法营运的人群主要以无业人员、刑满释放人员、务工返乡人员及残疾人为主。此类人群大多为社会最底层人士，就业需求难以通过正规合法渠道获得解决。这表明，正规的客运服务在竞争中缺乏价格成本优势，为非法营运提供了很大的生存空间。这必然要求客运服务管理体制的改变和管理水平的提升，只有通过更充分的市场竞争，降低客运服务的运行成本，提高客运服务质量，从根本上缩小非法营运的生存空间，才能降低非法营运的监管难度。目前网络专车的迅速发展态势，也强有力地表明正规客运服务的行政干预和行政垄断方式已经难以满足客运服务市场的需求和健康发展要求。

三　政府购买服务亟须加速政府职能转移推进政事分开

《中共中央关于全面深化改革若干重大问题的决定》提出要转变政府职能，其中一项重要内容就是推广政府购买服务，凡属事务性管理服务，原则上都要引入竞争机制，通过合同、委托等方式向社会购买。[①] 此外，《决定》还提出加快事业单位分类改革，加大政府购买公共服务力度，推动公办事业单位与主管部门理顺关系和去行政化。[②] 为贯彻中央要求，2014 年底重庆市政府办公厅印发了《重庆市政府购买服务暂行办法》，重庆市财政局也发布了《重庆市市级政府购买服务指导性目录》和《政府向社会力量购买服务项目政府采购工作流程》，初步完成了改革的制度设计。目前，重庆市政府购买服务在文化演出、教育培训、法律援助、咨询

---

① 《中共中央关于全面深化改革若干重大问题的决定》，人民出版社 2013 年版，第 18 页。
② 同上。

评审以及基础设施建设等领域进行了有益的探索和尝试。调查发现,政府购买服务改革在推进过程中存在一些比较突出的问题。

(一) 政府购买服务改革要求破除部门利益制约

政府购买公共服务虽是政府职能转变的必然趋势,但受传统思维的影响,有的部门和单位认为政府购买服务会弱化其职能,触动其既得利益,甚至怕被抢了饭碗。还有的部门和单位对社会组织的服务能力持怀疑态度,存在"不想放""不敢放"的思想,对推行改革的积极性不高。另外,公共服务类别和具体的项目较多,如重庆市政府购买服务指导目录就有社会福利、文化体育、社区事务、法律服务等48类,214小类,一些领域专业性较强、资质要求高,基本上由主管部门下属的事业单位提供专业服务,带有一定的垄断性。因此,政府购买服务的具体项目最终是否实行社会购买主动权在主管部门,牵头推进此项改革的财政部门一定程度上扮演着"说客"的被动角色。

(二) 政府购买服务改革要求加大社会组织培育力度

由于政府部门对一些公共服务领域长期垄断供给的"挤出效应",导致相关领域社会组织承接服务的机制尚未有效建立,加之重庆市社会组织受制于地域经济和社会发展水平,在规模上和专业人员的数量上相对落后。截至2017年重庆全市各类社会组织近1.63万家,但规模较小,专业社工人数仅4.2万人。[①] 且重庆市大部分社会组织存在专业素质不高、内部治理不健全、社会公信力偏低、整合社会资源能力不强等问题,制约了政府购买服务的推广。2014年,重庆市民政局安排200万元福利彩票公益金将20个社会救助、社会福利、社区服务项目交由社会组织试点,从实施的效果看总体较好,但也存在引导的配套资金较少、覆盖面小和个别社会组织运作不规范的问题。

社会组织面临登记注册等诸多阻碍,发展艰难。狭义的社会组织(非营利)主要包括社会团体、民办非企业单位、基金会等。登记注册一直是困扰非营利组织、民办医院、民办学校、文艺团体、科研院所、体育场馆、职业培训中心、福利院、人才交流中心等民办非企业单位发展的难

---

① 段冬蕾:《重庆:实施"三社联动"创新社会治理》,2017年5月,新华网,http://www.xinhuanet.com/gongyi/2017-05/221c_129612823.htm。

题。民办小学、中学、中等职业学校的设立需经历漫长的申报流程，医疗机构专业技术性更强，其开办流程更加复杂。民办医院和民办学校的申办管理机构多、流程多、时限长。

民政注册社会组织的优点是有利于获得政府购买服务支持，更容易向基金会申请项目资助，有利于建立社会合法性，有机会享受税收和公共产品价格优惠，有利于接受社会捐赠，有利于吸引志愿者加入。但登记程序烦琐、经济条件要求较高、组织人事和重大活动时常会被干预，使很多公益机构望而却步。这导致为数众多的社会组织在工商部门登记注册，不能享受税收和公共产品价格优惠，不容易申请政府和基金会资助。社会组织挂靠机构获得合法性，但缺乏独立性；草根团队虽然形式灵活，但存在合法性问题，不得单独开展募捐活动，工作人员的身份十分模糊，不利于招募人才和提高待遇。[①] 可见，尽管在逐步取消业务主管单位前置审批、降低社会组织登记门槛，社会组织的发展还任重而道远，亟须在政策上进一步加大扶持力度。

（三）政府购买服务改革要求公共服务机构运行社会化市场化

由于体制和历史沿革，很多主管部门定向委托下属事业单位提供服务，亟须打破政府部门垄断公共服务供给的格局，是目前尚需解决的瓶颈问题。采取定向直接委托方式让其承接服务，难以从根本上破除政府"垄断"格局，社会力量难以"涉足"，依旧是"换汤不换药"。通过政府购买公共服务逐步实现"养人"向"养事"的转变，关键在于"费随事转"，但现实中却出现"费随事转后人难转"的问题。随着政府购买服务的推进，一些机构和单位将无继续存在的必要，应进行机构撤销、调整、合并和人员分流，这就需要后续的配套政策及时跟进。与其让政府两头花钱，不如维持"养人办事"的现状，这才是禁锢改革向纵深推进的根本问题。因此，要彻底深化政府购买服务改革，需要中央在加速政府职能转移、推进政事分开以及后续配套措施上给予顶层的政策支持。

---

① 王世强：《中国非营利组织登记注册攻略》，http://www.douban.com/group/topic/27833331/。

四　高度集权的管理体制阻碍公共服务协同供给

高度集权的管理体制是官僚主义和腐败现象滋生蔓延的深层次制度根源，亦是基层矛盾激化的源头。部分基层干部权力观扭曲，无视法律、滥用政策、粗暴的推进工作，造成农民群体怨声载道，官民矛盾冲突不断，干群关系十分紧张。在某市 3 个区县 15 个乡镇就农村基层政权公信力等问题进行的 800 余人的走访和问卷调查表明，群众对乡镇干部表示信任的占 15.61%，基本信任的占 31.97%，不太信任的占 37.92%，反感的占 14.50%；对于群众与乡镇政权的关系认为是和谐型的占 20.07%，疏远型的占 59.48%，紧张型的占 15.06%，对立型的占 5.39%；对于乡镇政权对群众的影响力和号召力认为很强的占 11.90%，一般的占 71.93%，较差的占 16.17%；关于乡镇政权政策执行力，认为非常好的占 24.54%，对自己有利的就执行的占 26.58%，象征性执行的占 32.53%，执行不到位的占 55.20%，执行不公正的占 64.87%；关于乡镇政权办事态度和工作绩效满意度，认为满意的占 15.24%，较满意的占 22.49%，不太满意的占 17.84%，一点也不满意的占 44.43%；对乡镇政权提供公共服务和产品的满意度，有 25.84% 的人满意，有 28.62% 的人较满意，有 36.80% 的人不太满意，有 8.74% 的人一点也不满意。现在农村居民流动性大，大部分农民出外打工，需要政府时才找政府，对当地政府依赖性减弱、信任度不高。在扶贫攻坚、最低生活保障政策执行中，不积极参加贫困户评选、民主推选等相关活动，因为他们主观认为"选不选结果都一样，都是干部说了算"。

此外，农村大部分群众受教育程度不高，"小富即安"的小农思想严重，出于追求自身利益最大化，存在在建档立卡过程中不支持、不配合政府工作现象。如果任由这样的信任危机越积越深，不加以重视和化解，公共服务协同供给的难度将会越来越大。干群沟通难、互信度不高、协同难的原因除了部分群众受教育程度不高以外，基层干部严重脱离群众、官僚主义作风严重是主要原因，而官僚主义有其深刻的制度原因。在农村公共产品供给环节，县乡镇行政管理体制中存在的主要问题将影响到公共服务供给中的公平性、回应性和有效性，导致居民的满意度不高。

（一）　条块分割的组织体制制约基层政府部门协同供给

条块分割的行政组织体制权责配置失衡、权责不明、缺乏规范，导致基层政府想有所作为也力不从心，正所谓"上面千条线，下面一针穿"。一是上下级政府之间尤其上级政府部门与下级政府之间权力配置的统一协调性较差，影响工作效率。如某区为改善环境自筹资金修建一条步行街，要与上级 11 个部门协调。二是政府部分相关职能部门之间不规范的权力配置导致权责不清、互相掣肘，严重损害基层政府的公共服务能力。如在医药管理方面，卫生局、药监局和中医药管理局三家鼎足而立；在水务管理方面，水利、建委、市政、环保和国土资源等部门都有相关管理职能，权责不清；民政部门所履行的"低保"职能，与劳动与社会保障部门的社会保障职能存在交叉；安监部门与药监、公安部门以及相应行业主管部门在履行确保社会安全的"齐抓共管"中可能出现争利和推诿责任。三是机构多、程序多、组织程序不规范，公共服务供给程序烦琐。如某建筑单位到某县国土局办理"土地使用证"，先到行政服务大厅登记领表，再到国土局找办事员审查、核计费用，再回到大厅缴费，然后再回到国土局找分管科长签字，再找局长签字。"距离远，来回跑，两头受气"是部分区县行政审批大厅的服务现状。

（二）片面的行政绩效评价体制导致县乡镇政府偏爱执法轻视服务

现行的行政绩效评价体制片面强调目标管理，缺乏全过程的有效监督手段；工作绩效和质量的好坏取决于领导和上级的认可，而不是取决于公众的满意度；考核内容太过宽泛，"三百六十行，行行有指标"；考核指标科学性不强，如某县对乡镇政府设置 9 个半"一票否决"，对政府领导的政绩考核偏重于数量指标而导致"数字出官"；考核中形式主义严重，部分区县部门年终要写 40 多个工作总结。区县乡镇政府仍然片面依靠行政审批和行政执法，行政审批项目仍是多不胜数；上级政府仍然忙于向基层、企业压指标、搞调度、发文件、作指示。在这种绩效评价体制下，基层政府注重社会管理，偏爱行政执法。而区县乡镇政府在保障公民的政治经济文化权利、创造良好的信用和投融资环境、消除行政性垄断、披露市场信息、为农民提供技术指导和市场引导、维护社会安全秩序、就业指导和扶持、扩大社会保障的覆盖面、加大对教育和公共医疗服务的投入、加强基础设施建设和环境保护等方面的职能履行还远不能满足社会和市场的需求。"除了财政资金投入问题之外，乡村公共服务面临的更大尴尬是：

基层政府志不在此。"①

（三）"自上而下"的决策体制难以提高公共服务供给的回应性

农村公共服务供给大都是由乡镇政府及村组织自上而下地进行决策，农村居民缺乏对公共服务需求的有效表达机制。"自上而下"的决策机制，加上不完善的绩效评价体制，在政治目标最大化的激励下，对于能增加政绩的公共服务，呈现出一种较高的供给热情。比如对需要达标的广播电视设施建设、农田灌溉设施建设、校舍建设等公共服务供给严重过剩。笔者在调查中发现，一个乡镇花了很大的精力修建了一个灌溉工程，在水渠的旁边还修建了较为宽阔的石阶人行道，但是农民反映这些在石坡上用石条砌成的储水池根本不能储水，只是一个中看不中用的"形象工程"。而人居环境基础设施等没有进入地方官员政绩考核体系的公共服务，即便农民已经有了需求，也很难提到地方政府的操作层面上来。

（四）行政性垄断难以提高公共服务供给的有效性

区县乡镇政府仍然是全能型、管制型政府。一是政府与市场不分。区县乡镇政府有一种强烈的保姆意识，代替公民追求利益，仍然习惯于采用行政方法，还不习惯于、不善于将许多具体事务交由社会和市场进行自我管理和调节；管理的方法技术也没有随着现代信息技术、电子技术的发展而创新和改进。如政府到企业现场办公，为企业拉项目搞贷款；为农民安排种养项目、数量和面积。这样做的后果是使企业和个人失去了为追求自身利益最大化进行理性选择的自由和机会；并导致政府权力过大，必然产生腐败和低效率。二是政府与社会不分。政府对社会不信任，在很多方面仍然在包办应该由社会自己履行的职能。如在对市场和社会中介组织、自治组织的培育和管理中，政府仍然是一种包办的态度和方式，政府管得过多过细，并进行牢牢的行政控制，如工商局长兼"个协"会长、质监局长兼任"质量协会"会长、企业发展局与工商联争夺"维权中心"的管理权、政府包办融资担保公司等等行为。本应属村民自治范畴的工作，乡

---

① 赵树凯：《乡镇政府的公共服务——10省（区）20个乡镇调查》，国务院发展研究中心《调查研究报告》[2005年第102号]。

镇却大包大揽。三是政府与事业单位不分。政府和事业单位没有能准确进行各自的职能定位，部分政府部门不愿将事务性、技术性、辅助性工作外移。在调查中发现，农资经营部门被乡镇党委政府牢牢控制，一个两三万人口的乡镇的农资、农技等部门一年竟然能为乡镇政府创收六七十万元的收入。对于农村公共事业的建设，政府可以努力理解、指导或提供帮助，但不可以简单地替代、包办，否则就会好心办坏事。

（五）农民对政府、服务对象对服务机构的监督缺乏有效的配套手段来保障

调查发现，农村九年义务教育尽管免除了学杂费，但学生的钱并没有少交。有农村小学至今仍向每个学生收取每期几十元到 100 多元不等的课本费。一个较偏远的农村寄宿制中学，每生每期要交住宿费 250 元，一个 16 平方米左右的房间可住 8 位学生，那么这个房间的年收费为 4000 元；而在相同地区的一般农村中心场镇，同样大小的临街门面房租金也不过 1000 多元每年。在减少、限制基层政府、公共机构的一些收费项目的同时，如果不能有效地规范、监督其他收费项目，政策效果就打了折扣。

（六）公共权力结构失衡是产生官僚主义和低效率的制度根源

公共权力结构失衡表现在政府的几大类权力在各级政府之间的配置缺乏科学合理性。

一是资源分配权的碎片化。资源分配权主要包括各级政府对财政资金、用地指标等的分配权力。财政转移支付以专项转移支付为主，高度分散，层级多，随意性大，责任难分清，监督难，追究难。必然导致"跑部钱进"等劳民伤财的低效率配置结果和腐败，难以有效承担节约资源、抽肥补瘦、平衡地区发展差距的期望和重任。

二是政策制定权的集中化。相对比较具体的一些微观领域的政策制定权力集中在中央或高层级地方政府，政策制定脱离政策执行环境最终会因缺乏地方性知识而难以设计出实用的规则，进而使问题更加恶化。政策制定与政策执行严重脱节，政策缺乏针对性和适应性，政策难以执行，为基层政府官员不作为、吃拿卡要等乱作为和腐败并推脱责任逃避追究提供了

有力借口。即使变通执行，会对其他相对人造成不公平感，加剧其他相对人对政策执行和基层政府的不满情绪和不信任；并置获得政策项目的相对人于"非法状态"，难以有效维护自己的权利；最终导致基层政府官员政策执行的随意性、官僚主义和腐败；是引发多种社会矛盾、甚至引发群体性事件的重要原因。调查显示，上访案件的不断增长、官民矛盾的日益恶化、各级政府"维稳"压力的日益加重大多与此有紧密关系。正如邓小平在《党和国家领导制度的改革》中指出，中央高度集权的管理体制是我们所特有的官僚主义的一个总病根。①

三是选拔任用权的单一化。在基层政府官员的选拔任用中缺乏足够的民主程序，乡镇、街道、区县各部门等党政领导干部的选人用人权主要在区县组织人事部门和常委们手中，尤其在"一把手"手中，最终形成由少数人在少数人中选人的机制。这种选拔任用方式最大的弊端在于责任机制的不完善，在于选拔任用的基层党政领导干部主要对上负责，而对普通群众负责的动力机制缺乏。最终可能导致基层党政领导干部难以真正把"着力解决人民群众最关心最直接最现实的利益问题"放在第一位，导致群众的一些问题难以得到切实有效的解决，上访案件就很可能发生，维稳压力不断增大。这种选拔任用机制中的缺陷还会被少数群众利用来实现对基层党政领导干部的要挟，通过不断的申诉、上访、缠访和闹访等实现自己的不正当利益，进而助长"爱哭的孩子有糖吃"的社会风气。

四是法律监督权的地方化。司法、纪律检查、审计、监察、市场监管、资源环境保护等法律监督权维护的是国家的整体利益、长远利益、根本利益，理应由中央政府或高层级政府行使。法律监督权的地方化难以避免地方局部利益、短期利益的严重干扰，必然导致地方保护主义。权力结构的失衡或权力的错配使防止腐败和反腐败的机制趋于无效或低效。

---

① 《邓小平文选》第 2 卷，人民出版社 1983 年版，第 328 页。

第五章 公共服务协同供给的
制度创新思路

《中共中央关于制定国民经济和社会发展第十三个五年规划的建议》指出，"创新是引领发展的第一动力。必须把创新摆在国家发展全局的核心位置，不断推进理论创新、制度创新、科技创新、文化创新等各方面创新"①。《中共中央关于全面深化改革若干重大问题的决定》要求"使市场在资源配置中起决定性作用和更好发挥政府作用"②，为公共服务体制机制的改革完善和制度创新指明了方向。公共服务协同供给的制度创新应注重克服科层组织和市场组织各自的不足，充分发挥网络组织比市场组织稳定、比层级组织灵活的优势，以网络组织构建为依归创新相关制度激发公共服务各相关主体的积极性、责任感和创造力，提高公共服务供给效率、质量和公众满意度。

第一节 创新公共服务多元协同
供给模式

基于社会特性、物品特性和交易特性的分析，绝大多数类别的公共服务最适宜的组织形式是网络组织，最适宜的投资管理模式是政府购买、公私合作、社会模式等的多元组合。因此，公共服务多元协同供给是公共服务体制机制改革的基本方向。

---

① 《中共中央关于制定国民经济和社会发展第十三个五年规划的建议》，人民出版社 2015 年版，第 8 页。

② 《中共中央关于全面深化改革若干重大问题的决定》，人民出版社 2013 年版，第 5 页。

一 公共服务组织结构网络化

第三章的分析表明,单纯的市场组织和科层组织均难以满足复杂多样的公共服务需求,基于网络组织理论所揭示的基本原理对相关主体在公共服务中的责、权、利及其相互关系进行科学构建,促进协同供给与网络组织共相共生。因此推动公共服务组织结构网络化是提高公共服务供给效率、质量和需求针对性的根本保障。公共服务主体多元化必然带来公共服务责任分担和利益协调的问题。责任的分担意味着可以大面积地激发社会潜力,让社会释放出更大的能量;利益协调好比润滑剂可以增强合作,从而减少隔绝、分离、摩擦所导致的效率损失。

(一)全面构建公共服务网络组织体系

以直接的等级性权力配置公共服务资源的科层组织形式存在诸多缺陷,包括市场的适应性不足、满足需求多样性的针对性不足、竞争激励的根本动力不足等;以价格机制引导公共服务资源配置的短期契约组织形式(即市场组织)同样存在诸多缺陷,尤其是市场组织短期契约形式导致交易失败的风险高、产生机会主义行为的可能性大,是公共服务生产供给不能接受的。因此,组织公共服务生产供给活动的最优制度结构必然是科层组织和市场机制的有机结合。而网络组织是在现代信息通信技术的支撑下,由基于共同的目标或利益的组织实体联合而成的、通过价值链的共享以实现其目标或利益的组织实体集合。公共服务的组织形式应是以网络组织形式为主体、以科层组织形式和市场组织形式为补充的网络组织体系。

以公共服务网络组织体系为载体的协同供给模式的基本内涵是:以公民、企业、社会组织等公共服务需求主体为中心,以责任主体政府为组织保障,以政府、公民、社会组织和企业等多方投资为基础,以有效满足公共服务需求主体的公共服务需求为目标,对公共服务的生产供给做出计划安排,由公民、社会组织和企业等生产主体生产供给不同种类的公共服务,以满足整个社会的公共服务需求(见图5-1)。可以认为公民、企业、社会组织等在不同种类的公共服务中既可能是需求主体也可能是生产主体,既可能是安排主体也可能是投资主体,政府只是保障这一切有序运行、顺利实现的组织责任主体,社会成员最终都是自我服务。

公共服务网络组织体系的首要特征是:各主体间是以供需关系为核心

的平等关系，等价、有偿是处理一切关系的基本原则，行政强制、计划指令只是作为最终保障，应减少到最低限度。除了政府作为组织保障的责任主体在关键时刻须承担"兜底"的责任而拥有特殊身份以外，其他一切主体包括常态下的政府都应该是身份平等的，国有企事业单位同民办企业、民办非企业、社会团体等各种主体在公共服务的生产供给中享有平等地位，能否取得某项公共服务项目的生产供给资格完全是看其生产某项公共服务的能力和资质，是因生产供给的公共服务产品的"质优价廉"的公平竞争而获得，不再取决于其是国有还是事业等特殊身份。同理，公共服务需求主体是因其切实的服务需求而平等享有公共服务，不再是因为其具有某项特殊身份而享受特殊待遇或被排除在外。

公共服务网络组织体系以各主体间中长期的相对稳定的关系契约为纽带，以弥补市场一次性的短期契约和行政的等级性权力配置之不足，从而以双方甚至多方持续的、平等的协商互动方式为基本手段实现公共服务的协同供给。

正如德国理论物理学家赫尔曼·哈肯所揭示的，系统内部各要素之间的协同是自组织过程的基础，系统内序参量之间的竞争和协同在支配原理的作用下是使系统产生新结构的直接根源，子系统之间的竞争和协同推动系统从无序到有序的演化。公共服务的协同供给与网络组织存在内在的一致性和共生性。

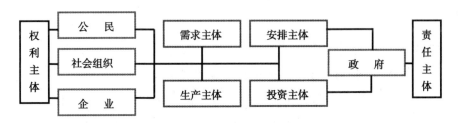

图5-1　公共服务网络组织体系示意

（二）分级分类采用投资管理模式

公共服务组织结构的网络化，必然要求公共服务投资主体、管理主体多元化，从而形成众多的网络节点。基础教育、医疗卫生、住房保障、社会保障、公共安全、公共交通、劳动就业、公共文化、公共设施等各主要类别公共服务在不同地区不同发展阶段应该分别采用多样化的投资管理模式。

　　基础教育、中等职业教育和部分就业培训在农村可以采用以行政模式为主,以社会模式为辅;城市可以以社会模式为主,以行政模式为辅。公共卫生服务在农村应该以政府购买模式为主,以半行政模式和社会模式为辅;在城市应该以政府购买模式为主,以社会模式为辅。医疗服务无论在城市还是在农村都应该逐步减少市场模式,增加社会模式,既要鼓励较充分的竞争,给予患者自主选择权,又要由政府来承担主要的投入保障责任。中低收入群体的住房保障在城市应由行政、半行政模式向社会模式转变,在农村应该逐步增加社会模式。社会模式的逐步推广要求加大住房公积金的推广力度,扩大住房公积金的覆盖面以及政府对中低收入群体住房公积金的补贴力度。养老服务无论在农村还是在城市都应该逐步向社会模式转变,采用以社会模式为主,以行政模式、政府购买模式和市场模式为辅的投资管理模式。

　　社会保险基金的投资管理模式属于社会模式,社会保险机构的建设管理具有半行政模式的性质,也应该向社会模式转变。国防、警察、消防等公共安全服务主要是行政模式,但至少部分公共安全服务可以采用政府购买服务的方式。高速路、铁路、城市道路、乡村道路与公共文化、体育、生活、市政等公共设施建设项目分别主要采用行政模式、半行政模式、PPP模式和政府购买模式。客运货运公共交通服务以市场模式为主,半行政模式和社会模式为辅。公共文化服务分地区和高中低不同层次分别采用行政模式、半行政模式、政府购买模式、社会模式和市场模式。不同地区的劳动就业的信息中介服务、职业介绍、就业创业培训和就业安置等服务应该更多地采用政府购买和社会模式。

　　(三) 推动被动消费向自主消费转变

　　公共服务面临"供需矛盾"的突出问题,制度创新要实现由"以供给为中心"向"以需求为中心"的转变。由于公共服务信息不对称、行政垄断等原因以及受生产力不足、公共供给严重不足等各种条件的限制,公众对公共服务往往是被动消费,难以实现自主消费或主动消费,消费者根据自己的主观需求进行消费的比例较低,公共服务供给效率和满意度就难以提高。消费者的主观需求被淹没,公民在消费过程中的自主性严重不足,人在消费中被异化,公共生活因此显得呆板无情,尽管政府花费了大量的投入,公众的满足度、获得感仍然不高。这就必然要求提高公共服务项目决策的民主化水平，充分保障公众对公共服务项目和公共服务供给主体的选择权。

公共服务面临城乡统筹、城市化、"人户分离"等严峻现实，制度创新要实现"以户籍为中心"向"以人为中心"的转变。这就要求国家建立统一的公共服务个人账户，国家为每一个公民建立公共服务个人账户，个人账户下建立各类基本公共服务的专门账户，实现专款专用。个人账户资金由政府投入和个人工作报酬积累两部分共同构成，并制定专门的法律进行规范和保障。

总之，公共服务的协同供给要求通过制度创新来逐步推动被动消费向主动消费的转变，从而提高公共服务供给的针对性和消费的满足感、获得感和幸福度。

二　公共服务组织过程法治化

公共服务协同供给的核心是要增强公共服务对象的主体地位，促使公共服务供给相关各方围绕公共服务对象的需求增强供给的主动性和协同性。这就要求公共服务组织过程的民主化、法治化。

（一）完善公共服务分层供给体系

公共服务是政府的当然责任。但在政府系统内，中央政府与地方政府在基础教育、社会保障、基本医疗和公共卫生等方面的责任处于模糊状态，政府内部责任划分不清，导致这些基本公共服务统筹层次低、保障水平的地区差异大、均等化水平较低、流动人口服务保障难。

表 5-1　　　　　　　　　中央和地方财政收入比重

	2014 年	2013 年	2012 年	2011 年	2010 年
全国财政收入（亿元）	140370	129209	117253	103874	83101
中央财政收入（亿元）	64493	60198	56175	51327	42488
地方财政收入（亿元）	75876	69011	61078	52547	40613
中央财政收入比重（%）	45.95	46.59	47.91	49.41	51.13
地方财政收入比重（%）	54.05	53.41	52.09	50.59	48.87

资料来源：根据中华人民共和国国家统计局编《中国统计年鉴》（2011—2015）数据计算。

在中国的单一制国家结构形式和民主集中制下，在人力、财力等诸多资源方面，中央政府比地方政府、上级政府比下级政府有优势，中央政府和上级政府可以利用其人力资源优势、信息优势、统筹能力优势等多承担一些财力保障责任、平衡区域公共服务差距的责任和减少流动人口享有公共服务障碍的责任，表5-1表明中央政府有这个财政保障能力。

中央政府首要责任是保基本，包括最重要、最基本的公共服务项目及其最基本、最起码的一个保障水平。最重要最基本的公共服务项目包括每一个人都会面临的基础教育、基本医疗、公共卫生、医疗保险和养老保险。这就要求中央政府统一建立个人教育账户、医疗保险、养老保险账户。资金来源和构成需要合理配置。个人教育账户资金投入应该是以政府为主，医疗保险和养老保险账户的投入是以个人和用人单位为主，中央政府对困难群体给予财政补助，从而保障每一个人在中国的任何地方都有一个基本的教育、医疗卫生和养老保障。中央政府承担公共服务个人账户投入责任本身可以避免行政层级众多的效率损耗。一旦公民有了个人账户的保障，其消费的自主性和选择权就有了一定的保障，公共服务供给的直接主体的竞争机制就有可能得以形成。

其次，在基础教育、医疗卫生、公共交通等公共基础设施地区发展严重不平衡的阶段，中央政府要承担欠发达地区这些基础设施建设项目的投入和规划责任。但当各地区这些建设项目发展基本平衡的情况下，中央政府的建设责任就逐步消失。在各地区发展基本平衡的情况下，地方政府尤其是基层政府应承担各项公共服务基础设施项目的建设，事权和财权应该尽可能下放，这同样可以避免专项转移支付资金的低效率。表5-1的数据表明，中央财政收入占比逐年降低，地方财政收入占比逐年增多，本身表明中央政府平衡各地区基础设施建设投入的压力逐步减小。

最后，加大一般性转移支付比重，增大地方和基层政府因地制宜地使用财政资金的自主性和决策权。中央政府只管省域之间的大项目的决策和直接实施，各省市区政府只管省域内地区（或县域）之间的大项目的决策和直接实施，县级政府只管县域内各镇乡之间的大项目的建设，乡镇内的建设由乡镇自己决定和组织实施。各上级政府包括中央政府的各部门的主要职责在两个方面：一是决策、执行并组织实施所辖区域内、直接隶属的下级行政区域之间的大项目，二是监督下级政府在其辖区内独立自主决策、实施的项目是否符合相关法律法规的要求，公共服务是否达到法律法规的标准，否则追究责任人法律甚至刑事责任。同时要加强各级财政预算、决算的公开和各级财务收支的公开，财政资金使用绩效的考核、审计和民主监督。

（二）　建立公共服务民主决策体制

在公共服务决策的制定和执行过程中，若缺乏了决策的各方利益主体的积极参与和互动，个人偏好以及决策目标、价值理念都不太可能被真正地发现甚至真正地实现。金登的多源流分析方法以及伊斯顿的系统理论等都认为政策选择是在几个因素的推动或影响下集体选择的结果；尤其在"对于同样的环境或现象有着多种思考方式的状态"[①] 下，这些不同的思考方式之间也许是不可调和的，也许会带来含糊、混乱和压力；加之"未定的偏好、不清楚的技术以及不固定的参与"[②]，众多理性但偏好有差异的个体只有通过对话、理解、妥协和互动来求得动态的和谐。因此，提高公共服务水平要求政治系统建立起网络健全、程序完善、运行有效的政治参与和政治表达渠道，充分发挥现代信息技术的作用，坚定从服务项目的决策和执行过程上公开的取向，充分保障政策制定和执行的民主参与、对话和互动，以使各种利益诉求进入政策议程。正如党的十八届四中全会所要求的，"健全依法决策机制。把公众参与、专家论证、风险评估、合法性审查、集体讨论决定确定为重大行政决策法定程序，确保决策制度科学、程序正当、过程公开、责任明确"[③]。

一是下放具体项目决策权力于基层，增强针对性和适应性。党的十八届三中全会的决定要求，"直接面向基层、量大面广、由地方管理更方便有效的经济社会事项，一律下放地方和基层管理"[④]。下放到乡镇街道的政策制定权力主要是具体的民生、产业、基础设施建设项目的自主决策权力。对于这些领域的项目决策制定，中央和上级政府最多可以用法律法规的形式制定政策目标、基本原则或最低标准用以指导、约束基层政府的决策行为，而具体的决策内容应该由乡镇街道在充分吸收公众意见的基础上

---

① ［美］保罗·A. 萨巴蒂尔编：《政策过程理论》，彭宗超等译，生活·读书·新知三联书店 2004 年版，第 94 页。

② ［美］约翰·W. 金登：《议程、备选方案与公共政策》（第二版），丁煌等译，中国人民大学出版社 2004 年版，第 105 页。

③ 《中共中央关于全面推进依法治国若干重大问题的决定》，人民出版社 2014 年版，第16 页。

④ 《中共中央关于全面深化改革若干重大问题的决定》，人民出版社 2013 年版，第 17—18 页。

根据本地区的实际情况因地制宜的依法制定和实施。中央和上级政府应该以法律法规的形式对基层政府具体项目决策的公民参与、民主协商、司法救济等作出要求。为此，必须要提高中央政府政策制定的法律化水平和各级政府依法治国的水平。二是扩大基层选举差额比例，增强民主监督效力。为防止事权、财权下放重蹈"一收就死、一放就乱"的怪圈，必须完善群众监督基层政府的有效机制。党的十八届三中全会的决定要求，"畅通民主渠道，健全基层选举、议事、公开、述职、问责等机制"①。核心是落实基层的差额选举、加大差额比例。党内有限竞争的机制既可以保证党的领导、党管干部原则，又可以增强领导干部对人大代表、对选民、对群众更加负责的动力。在一定程度上实现基层党政领导干部既对上负责，又对下负责。三是上收法律监督权于中央，增强统一性和权威性。为保证事权、财权的下放不被基层政府滥用，在加强民主监督的同时，必须加强中央政府对地方各级政府的法律监督。党的十八届三中全会的决定要求，"探索建立与行政区划适当分离的司法管辖制度"②，"强化上级纪委对下级纪委的领导"③。建议将司法、纪律检查、审计、监察、市场监管、资源环境保护等方面的权力独立于地方政府，由中央政府及相关部门实行垂直领导，增强法律监督监管权力的独立性、统一性和权威性。

（三）完善部门协同供给动力机制

部门利益是各部门提供公共服务的动力。因缺乏科学有效的利益协调和激励机制，部门合作动力不足，各自为政、争权夺利、互相推诿必然导致公共服务资源浪费、效率和公平缺失、质量和满意度低下，亟须体制机制创新激发公共服务协同供给动力以实现整体效应最大化。面临"动力不足"的痼疾，制度创新要实现以"行政责任约束"为主的"单动力机制"向以"行政责任约束和财产权利激励"为主的"双动力机制"转变。

一是搭建部门联动平台，破解部门分割整合之难。建立部门联席会议制度，以人为中心开发公共服务信息系统，整合教育、卫生、民政、人力社保等主要公共服务部门联网办公，探索建立镇（乡、街）公共服务工作"一中心一平台"配套模式，实现中心集中办公、平台为民服务的一

---

① 《中共中央关于全面深化改革若干重大问题的决定》，人民出版社 2013 年版，第 31 页。

② 同上书，第 33 页。

③ 同上书，第 36 页。

体化大服务格局，实现一站式服务，有效解决群众办事难问题。建立社区（村）综合服务站，增强社区服务能力。建立一个社区服务平台，完善工作联系、统一台账、考核奖惩等制度，实现公共服务工作一体化运行，提升社区服务能力和治理效率。形成多部门协同供给格局，确保利益各方的利益平衡和权益保障。

二是搭建群众监督平台，破解自体监督约束之难。实现公共服务群众考评常态化，定期开展公共服务对象、民意代表对公共服务机构和工作人员的满意度测评，定期开展职能部门和公共服务机构负责人工作述职、民意代表提出问题及职能部门责任人现场解难释疑、民意代表当场测评评议对象并当场宣布结果、职能部门和服务机构责任人报告上次评议会所提问题整改情况、党委政府根据群众评议结果对评议对象实施奖惩，搭建群众参与公共服务的互动监督平台。

三是坚持条块结合以块为主，健全协同供给责任机制。首先，建立条块结合以块为主的协同治理领导机制。赋予街道、乡镇（村居）对辖区各项公共服务决策、执行、监督的统一组织权、指挥权、调度权以及对区县（街镇）职能部门工作的监督权、评价权。其次，完善分级分类限时办理机制。各区县以公共服务信息平台为依托，区县、镇街（部门）、村社三级社会服务中心以首接责任制为基础，实行一站式服务，对群众诉求按照普遍性程度、紧急程度、解决的难易程度、涉及相关部门的复杂程度分层分类提出解决方案，限时办理办结，并及时反馈。再次，强化协同部门领导责任追究机制。建立由党委、组织人事部门牵头，由纪委、监察、社会治安综合治理责任部门具体实施的部门协同责任追查机制，以互联网信息及相关诉求信息、回应信息、处置行为等为依据，对公民投诉、矛盾纠纷及其引发的群体性事件等实施责任倒查，并对责任部门领导及责任人进行严格的责任追究，为部门协同提供体制机制保障。

四是以群众满意为目标，完善群众监督机制。完善基层干部工作绩效群众评价机制。以服务对象满意度电话评价、电子评价为主，辅以定期问卷调查、群众评议以及网上投诉等多种形式对公共服务绩效开展群众满意度测评。在基层干部任免中严格执行群众测评制度。扩大群众参加民主推荐、民主测评和考核谈话的范围，并将结果作为干部任免的重要参考。坚持群众服务诉求解决过程和结果公开机制。对群众服务诉求的办理程序公开、办理结果公开、群众满意度测评结果公开，全程接受群众和社会的监督。加大群众投诉问责力度。对于群众诉求的解决，达不到绩效考核标准，或者出现工作差错、工作失职者，要严肃追究责任，给予应有的处罚。

五是完善部门公共资源有效利用激励机制。调查显示，农村闲置校舍等公共资产闲置以及一些地区民政资金大量结余，甚至国土资源部门大量项目资金结余等都表明公共资源使用效率低下，公共部门及其相关机构协同效率低下。亟须建立公共项目、公共资源开发利用的奖励制度，公共资源闲置浪费的追责惩罚制度。同时，加大预算监督力度，健全公共服务成本约束机制，避免公共服务资源闲置浪费与公共服务资源严重不足的并存局面。完善公共服务资源有偿使用制度，避免资源闲置浪费。

三　公共服务供给方式多元化

公共服务供给方式多元化的本质不是公营对私营，而是垄断对竞争，是要在公共服务生产供给环节引入竞争机制。竞争意味着优胜劣汰，生存压力可以克服惰性，将极大地提高稀缺资源的配置效率、降低供给成本、提高服务供给的质量和效率。同时，对于具有竞争实力的社会组织和企业而言，积极参与公共服务，不仅可以提升自我治理的能力，更多的是可以在一个制度性的框架内通过竞争来激发政府绩效管理的能量，从而保证公共利益的实现。公共服务的改革与创新，势必要在制度上和机制上通过竞争合作创造"利益共享"的局面，使更多的人走出私人生活的领域，乐于与他人合作交往；更多的人乐于投资于社会公共事务，承担社会公共事务。这样，人人共享的资源才能越来越丰富，社会发展和个性发展的空间才能越来越广阔。

（一）建立以社会化市场化为基础的生产组织机制

服务安排者（提供的决定者）和生产者可以分离，如政府可以做出用公共开支来提供某种服务的决定，但不意味着必须依靠政府雇员和设施来提供这种服务。服务安排者通常是政府单位、志愿组织或消费者自己等，也可能存在共同安排者的情况。服务生产者可能是政府单位、市民志愿组织、私人企业、非营利机构，有时甚至是消费者自身。当安排者和生产者合一时，官僚制的成本就产生了，即维持和管理层级系统的成本；当安排者和生产者不同时，又产生了交易成本，即聘用和管理独立生产者的成本；两种成本的相对值决定了安排和生产功能分离是否值得。根据安排者、生产者和消费者之间的动态关系，可以将公共服务提供的制度安排分为四大类，即：公共部门既是安排者又是生产者，包括政府服务和政府间协议等具体形式；公共部门是安排者，私人部门是生产者，包括合同承包、特许经营和补助等具体形式；私人部门是安排者，公共部门是生产者，包括政府出售等具体形式；私人部门是安排者，私人部门是生产者，包括自由市场、志愿服务、自我服务和凭单制等具体形式。① 一些服务可能由多种方式来提供，这些提供方式还可以单独或联合运用以提供服务。

政府的价值取向、社会角色以及政府与公民关系、公共管理的弹性、以市场为基础的形式以及提供物品和服务的不同机制等理论对我们研究和实践探索我国公共服务供给具有重要启发意义。我们要继续推进政企分开、政资分开、政事分开、政中分开，减少和规范行政审批，推动公共服务发展模式的多极化、举办主体的多元化、提供产品的多样化、运行方式的市场化，引导和鼓励社会力量进入公共服务领域，投资和兴办公共服务事业。同时，积极探索赋予民间组织相应的公共服务职能，通过购买服务等方式，逐步建立对民间组织的资助机制。根据不同公共服务项目的性质和特点，采取不同的供给模式，实现公共服务主体的多元化，加强公共部门内部的竞争，鼓励和支持民营企业和民间组织参与公共服务；对仍要依靠公共部门来提供的公共服务，如公共安全、教育、卫生防疫、社会保障等重大项目，一方面要加强监管，保障公正，努力降低成本，提高效率；另一方面在目前财力极其有限的情况下，也要采用政府、个人合作制等多种方式及早启动协同供给。政府要从财政补贴、信贷支持、税费减免、土地优惠、房地产配套等方面大力扶持，调动民间资本投资公共服务的积极性。

（二）健全以关系契约为基础的竞争合作机制

为避免机会主义行为和市场不确定性带来的高风险，公共服务供需各方的关系是在打破垄断的基础上，将竞争关系转向竞合关系，政府、企业、社会组织和公共服务需求者之间需要建立起较长时期的、相对稳固的

---

① ［美］E. S. 萨瓦斯：《民营化与公私部门的伙伴关系》，周志忍等译，中国人民大学出版社 2002 年版，第 70 页。

但又具有灵活性的、有潜在竞争压力的合作关系，这就依赖于关系契约。关系契约参与各方更容易监控对方采取的行动，监督判断更加深入细致，可以随时间变化灵活调整，既有潜在竞争压力对机会主义行为的警醒防范，又有长期合作的利益预期的正向激励。因此，以关系契约为基础，在公共服务供需各方之间建立起有潜在竞争压力的中长期合作机制是公共服务协同供给的核心内涵。

伴随着服务竞争的是服务的责任。政府在转移公共服务职能的同时将一部分服务责任也转移给各类民间组织，而政府从具体的公共服务中解脱出来，以监察者和指导者的身份审视公共服务的质量和效益，主要承担监督管理职责。服务责任制的健全不仅仅扩大了社会责任的覆盖面，实质上是开发利用了高品质的社会资源，大大增强了公共服务的有效供给量，缓解了传统的公共行政中因政府独揽独包而造成的不经济和低效率现象，并在生成新的社会效率、效能的基础上增加人民对公共利益实现的满意程度，为飞速发展的社会增添新的生机和活力。

良好的服务依赖于多方合作，合作可以减少摩擦、降低内耗，更直接的是可以降低交易成本。合作内容非常广泛，从目标设定到具体操作、从组织结构到文化整合、从政府内部到政府外部无所不包。合作途径往往是新的组织文化、价值观念、共同愿景、信任等精神纽带。哈佛大学的罗伯特·帕特南强调把政府的观念从科学管理的角度转变为以伦理责任和关系为中心，建立在公共利益的观念之上。政府与各行为主体之间应该是以公共利益为核心的合作关系、伙伴关系或良性互动关系。公共服务实际就是政府与民众双向互动的交点。那么教育、社会诚信、友爱互助、社会组织的培育和平等对话、互动协商等多种渠道提高公共服务供需各方的合作能力，增强互信，改善人际关系，实现公共利益的最大化。

总之，以关系契约为基础，潜在竞争压力和长期合作利益预期是公共服务供需各方精诚合作、协同供给的根本保障和核心机制。

（三）建立质量为主价格为辅的供求调节机制

价值规律是商品生产和商品交换的基本经济规律。商品按照价值相等的原则互相交换。商品价格受商品供求关系的影响以价值为中心上下波动。因此，价格和质量是价值规律产生作用的两个基点。而公共服务的政治性、公共性和公平性等社会特性决定了公共服务产品有别于一般的商品，不能仍由价值规律的市场机制来调节其供求关系，否则，会导致基本的、必要的公共服务需求得不到满足，或者会导致部分公共服务对象无力承受必要的公共服务的基本消费。也即，在公共服务生产供给环节引入市场竞争机制的情况下，作为市场机制的基本规律的价值规律是不能充分发挥作用的。因此即使在公共服务生产供给中引入市场竞争机制，那也是有限的市场竞争机制，公共服务的价格是在最高或最低限价的某个区间有限竞争。

当公共服务价格的调整力度不能充分发挥时，质量规律应该发挥更加重要的作用。当然，价格本身是以质量为基础的，质量规律本质仍然是价值规律。质量以优质优价、优质畅销、名牌价高、名牌畅销等方式影响商品交换和服务实施。质量规律就是社会资源的占有和配置主要依据质量来进行。质量规律所维护的总趋势是质优价高、质优需求大、有名价高、有名需求大。在公共服务有限价格区间中，尤其是在公共服务价格选择空间很小的情况下，公共服务的优胜劣汰就主要不是以服务价格为依据，而转变为以服务质量为依据。在相同价格下，质量优者为胜，质量差者出局，被淘汰。也即，公共服务机构、公共服务生产供给者之间的竞争会以价格机制为辅，在价格机制受限的情况下，政府、消费者在选择公共服务生产供给者时，要以服务质量的优劣为主要选择依据，政府、公共服务对象要与能提供更优质量的公共服务产品的公共服务机构构建中长期的关系契约。当前人们已不能满足于对产量、产值和生产率的要求，而是对质量和安全性有具体而又强烈的要求，亟须建立质量为主价格为辅的公共服务供求调节机制。这与当前党中央提出的供给侧结构性改革的精神是高度一致的。

第二节　建立"钱随人走"的
公共财政制度

公共服务的政治性、公共性和公平性决定了政府是公共服务的当然责任主体。公共服务多元协同供给模式的形成和有效运行首先要求公共服务财政投入制度的创新。公共服务财政投入制度的创新是实现公共服务区域统筹、城乡统筹、多主体协同供给的制度基础。核心是建立"钱随人走"的公共财政制度。

一　创新公共服务财政投入方式

公共服务或公共物品在本质上也是一种商品，任何商品都有生产和消费两个基本环节，都有供给和需求两个方面，那么公共服务财政投入就应该有两个基本的着眼点，一个是公共服务的供给侧，另一个是公共服务的需求侧。而公共服务财政投入是只执一端，还是两端用力；是以供给侧为主，还是以需求侧为主，公共服务供给的质量、效率和满意度是有很大差别的。

(一)　供给侧投入

基于公共服务的政治性、公共性和公平性，政府是公共服务的当然责任主体，因此在公共服务供给严重不足情况下，政府财政投入的着力点应该是在供给侧，通过政府财政对基础教育、医疗服务、公共卫生、公共安全、公共交通、公共文化、公共基础设施等软硬件建设和运营的直接投入，增加公共服务供给量，满足公众的公共服务需求。公共财政的供给侧投入可以快速增加公共服务的生产供给，在公共服务供求关系平衡中发挥着重要的作用。但公共财政对公共服务供给侧投入有着明显的不足或缺陷。公共财政供给侧投入具有明显的垄断特征，且是通过"科层组织"的形式"自上而下"的生产供给公共服务，缺乏竞争机制，更容易滋生官僚主义、腐败和低效率，对公共服务需求的针对性的关注度也必然难以提高，公共服务生产供给效率、质量和群众满意度上升到一定程度后就难以进一步提高。

(二)　需求侧投入

公共财政对公共服务的投入除了着眼于供给侧之外，还可以着眼于对需求侧的投入。相对于供给侧投入而言，可以认为需求侧投入是一种间接投入。公共财政对公共服务的需求侧投入主要是指，公共财政不直接投入各种公共服务软硬件的建设和运营之中，而是将公共财政资金直接投入给具有排他性消费特征的公共服务项目的需求者，为每一位公民建立公共服务专用资金账户，为每一位公民的公共服务需求提供财政资金保障，增强每一位公民公共服务消费能力。采用使用者付费的方式，通过公民对公共服务的自主消费来拉动公共服务的市场投资、社会投资，促进公共服务机构提高公共服务效率、降低公共服务成本、提高公共服务质量、提高公共服务需求的针对性和消费者的满意度。这就能在公共服务生产供给中建立起市场竞争机制，既有了市场竞争活力，而每一位公民的公共服务需求又得到了有力保障。需求侧投入方式保障了公共财政投入直接进入每一位公民相应的公共服务专用资金账户，减少了财政投入的中间环节，杜绝了"吃拿卡要"的机会，更加有利于实现各群体、各区域以及城乡之间公共服务的消费公平，更加有利于流动人口公共服务供给实现"以人为中心"的同步转移。并且通过有偿消费拉动社会资金投入公共服务，形成市场竞争机制，也进一步保障了多元投资主体在公共服务领域的公平竞争。

（三）从供给侧投入为主向需求侧投入为主的转变

供给侧投入是新中国成立以来我国公共财政的主要投入方式。但随着改革开放以来国民收入和公共财政收入的大幅度提高，教育、医疗卫生、道路等公共交通、公共文化等公共服务软硬件的生产供给基本能满足公共需求，甚至有些公共服务项目在逐步出现供大于求的局面，党中央也提出了供给侧结构性改革的发展方向，要求生产供给要提质增效，公共服务领域也不例外。要推动公共服务领域提质增效的根本动力，是通过竞争压力激发市场活力，通过消费者的自主选择来推动存量公共服务优化生产供给、增量公共服务对社会投资的吸引力。这就必然要求公共财政对公共服务的投入从直接保障生产供给的供给侧投入方式逐步向保障公民消费需求的需求侧投入方式转变。当然因为农村与城市、发达地区与欠发达地区在市场成熟度、供求关系上存在一定的差别，在供给侧和需求侧投入程度上应有一定的差异。但公共财政投入方式在总的方向上应该从以供给侧投入为主向以需求侧投入为主转变。当然，适合采用需求侧投入方式的公共服务项目是具有排他性特征的项目。

二　建立公共服务财政投入标准及动态调整机制

在公共服务生产供给严重不足的发展阶段，公共财政对公共服务供给侧建立公共服务财政投入标准的需求不强烈，基本满足广大公民公共服务需求就是一个标准。但当基本满足后，供给侧投入逐步向需求侧投入转变就对建立公共服务财政投入标准提出了强烈要求。

（一）分项目分群体建立公共服务需求保障标准

公共服务需求标准体现公民权利、政府责任和一定经济社会文化发展水平下基本公共服务的消费水平。公共服务需求标准需视公共财政保障能力具体到基本公共服务项目，包括义务教育、公共卫生、基本医疗、劳动就业、医疗保险、养老保险、最低生活保障、住房保障、文化消费和出行交通等方面。但因每项具体公共服务项目公共性的差异，政府和个人在各项公共服务项目中应承担的需求保障责任也有差异。

在我国当前公共财政收入水平较高的情况下，义务教育、公共卫生是最基本的公共服务，要求平等保障每位公民的义务教育和基本卫生健康，且在交易特性上具有需求的确定性，建立个人专用资金账户并确定需求保障标准的可行性强。因此，公共财政要平等保障义务教育和公共卫生专用资金个人账户的资金投入责任。医疗服务和养老服务与义务教育和公共卫生在交易特性上有明显差异，交易或需求的不确定性很强，因此，很难直接通过财政投入建立个人医疗资金专用账户，交易不确定性强，就对保险机制产生了强烈的需求，医疗和养老服务需求保障的财政投入应融入医疗保险和养老保险机制之中。而在我国当前的发展阶段，医疗保险和养老保险的投入责任要根据不同人群的生产发展能力的差异而定，对于劳动能力较强和收入水平较高的中高收入群体而言，其医疗和养老等保险的投入责任主要在其本人，对于低收入、无收入群体而言，政府对其基本医疗和养老保险应承担需求保障责任。

同理，低收入、无收入群体的最低生活保障、劳动就业、基本文化、基本信息、交通出行和住房保障，政府也应该承担主要责任，可以为低收入、无收入群体建立最低生活保障、劳动就业、基本文化、基本信息、交通出行和住房保障专用资金个人账户，对其最低生活保障、劳动就业、基本文化、基本信息、交通出行和住房保障的资金需求提供财政补助。而具体的投入或补助标准应该根据当年的平均工资水平、低收入群体的工资收入水平、政府的财政收入水平和相关行业领域的消费水平综合确定、动态调整。为了保障公平，基本公共服务项目的基本需求投入保障责任主要由中央政府承担，地方政府可以根据自身财力保障水平和当地消费水平，提高需求保障水平。

（二）分项目分区域建立公共服务供给标准

中央政府各行业主管部门要为基础教育、医疗卫生、养老服务、交通文化生活等公共基础设施或机构建设制定公共服务供给的标准，包括各具体的公共服务机构的设施设备、人员配备以及运营经费等行业性标准。公共服务供给标准可以为公共服务需求保障标准的制定和调整提供参考依据。以基本公共教育领域的"义务教育"项目供给标准为例，要根据一定区域的"适龄儿童、少年"数量以及校舍建设、设备配置、师资配备、教学管理规范、学费、杂费、营养费以及寄宿生住宿费、教科书、生均公用经费的实际调查和测算来制定基本供给标准。中央政府制定全国统一的最低标准。各省（区、市）应根据本地经济社会文化发展水平，结合本地区实际情况，高于国家基本标准，适当拓展基本公共教育服务范围和提高服务标准。对于各公共服务项目的供给达不到相应供给标准的地区，政府要承担生产建设的投入或组织保障责任。具体的生产建设投入管理方式可以视具体的供需状况分别采用半行政模式、政府采购模式、PPP 模式、社会模式，加大相应公共服务的生产供给。

（三）建立公共服务标准平衡、调节机制

对于公共服务生产供给达不到国家最低供给标准的经济社会文化发展水平相对较低的欠发达或不发达地区，往往也难以吸引社会民间资金投入，而地方政府财力保障水平又严重不足，中央政府要加大转移支付力度，保障公共服务达到国家最低标准。尤其在城镇化快速推进的过程中，人口的流动性很大，中央政府或上级政府要加大人口流动的测算力度，在发展规划和地区公共服务供给水平评估中，要加大人口流入地的公共服务供给增长调节力度。对于人口流入地来说，经济社会发展水平相对较高、市场成熟度较高，对社会资金投入的吸引力较强，政府可以加强规划、引导和激励，充分吸引民间资金投入，引入竞争机制，进一步提高公共服务效率、质量和保障水平。

三　健全公共财政转移支付制度

公共服务均等化要求中央财政和上级财政充分发挥地区发展的平衡作用。人口的流动性和不确定性增强对地区之间的公共财政资金横向转移支付提出了强烈要求。公共财政纵向转移支付更多体现的是科层组织形式，而横向转移支付和个人转移支付更多依赖网络组织形式。

（一）公共财政资金纵向转移支付制度

加强公共财政资金纵向转移支付的均衡化和规范化。核心是加大一般性转移支付比重，增大地方和基层政府因地制宜地使用财政资金的自主性和决策权。中央政府只管省域之间的大项目的决策和直接实施，其余的财政资金根据各省市区的面积、总人口（常住人口）、人均国民收入、财政收入、地理条件、社会发展现状等指标在年初预算时通过一般性转移支付公平分配给各省市区；各省市区政府只管省域内地区（或县域）之间的大项目的决策和直接实施，其余的财政资金按同样的方式在年初预算时通过一般性转移支付公平分配给直接隶属的各下级政府；同理，县级政府只管县域内各镇乡之间的大项目的建设，乡镇内的建设由乡镇自己决定和组织实施。即各级地方政府不用再向上级政府申请项目、审批项目，各级政府有独立自主利用自有财力和上级一般性转移支付的财力的权力，不再是"跑部钱进"。即使"跑关系"也只是在每年年初做预算时"跑关系"，而不用每个项目都"跑关系"。

（二）公共财政资金横向转移支付制度

网络组织形式的发展要求建立公共财政资金横向转移支付制度，实现各个地区之间直接的转移支付，以更加有力更加有效地保障流动人口的公共服务。以科层组织形式为基础的纵向转移支付平衡地区发展差距、统筹地区差距都得通过单中心的节点来实现信息交流和能量转换，渠道长、反应慢，难以快速有效地满足人口的快速流动性要求。而横向转移支付可以通过地区之间直接的信息交流和能量交换，快速实现流动人口公共服务需求的满足。这就要求各地区之间建立不通过上级政府中心节点的公共服务指标、公共服务资源转移制度和结算信息系统。一是要建立全国统一的人口公共服务信息系统，二是为每个公民配发包含各种公共服务项目的保障卡，保障卡既有身份认证功能，又是消费和支付转移的凭证。各地区政府通过共服务信息系统内部结算，实现各地区公共财政之间的消费补偿平衡。这个系统的功能可以参照银行金融系统的支付结算功能设计。从而实现公共服务资源随着公共服务对象自由流转，促进公共服务机构提高质量和效率，吸引更多的公共服务对象消费，有利于现代社会的人口流动，促进各种生产要素的合理配置。

（三）公共财政资金个人转移支付制度

适用于公共财政需求侧投入方式的公共服务专项资金包括基础教育、公共卫生、医疗保险、养老保险、最低生活保障、劳动就业服务、基本公共文化服务、基本公共交通服务等公共服务补助资金划拨到每个公民的公共服务保障卡个人账户中（可以是消费指标，也可以是资金额度），公民持公共服务保障卡在相应的公共服务机构确认身份并依法消费。公共服务个人账户资金根据各主要公共服务类别分设多个相应的专用资金账户，中央政府为每一专用资金的使用制定相应的条件和规则，专款专用，避免随意将公共服务资金挪作他用。因为地区发展差异、消费水平差距、时间差异和物价波动等因素的客观存在，公共服务个人账户中的专用资金额度很难确定，为避免这个客观困难，公共服务个人账户资金额度可以采用非现金计价的方式。非现金计价可以采用根据特定公共服务项目的构成特点将消费一定公共服务的资源、环节或时间确定为若干全国通用的公共服务标准单位，公共服务机构再根据特定时期特定地区的标准单位与现金换算的标准单价将消费者消费的标准单位从公共财政中获得现金补偿。基本公共服务项目资源消耗和时间消耗的标准化是确定公共服务个人账户的基本依据。

建立全国统一的个人收入信息、个人财产信息共享系统，为低收入、无收入群体的身份认定提供信息基础和依据。随着信息化水平的不断提高，应建立银行、金融、证券、不动产、汽车和工资收入等各行各业互联互通的个人收入财产信息共享系统，逐步加强大额现金管理，逐步限制现金交易，降低或减少现金交易额度。合理设定现金交易上限额度，超过上限额度，必须转账支付。逐步将个人收入信息和个人财政信息都纳入全国统一的信息共享系统。政府制定低收入标准，对低收入、无收入群体的最低生活保障、劳动就业、基本文化、基本信息、交通出行和基本住房给予基本保障。具体的投入或补助标准应该根据当年的平均工资水平、低收入群体的工资收入水平、政府的财政收入水平和相关行业领域的消费水平综合确定、动态调整。

第三节　创新公共服务供给准入制度

在公共服务的政府购买、特许经营、合同委托、服务外包、土地出让、协议配建等各种投资管理模式和组织形式中，要分公共服务领域、分公共服务行业制定准入标准、资质认定、登记审批、招投标、服务监管、奖励惩罚及退出等操作规则和管理办法，确保公共服务民办机构在设立条件、资质认定、职业资格与职称评定、税收政策和政府购买服务等方面与公办的企事业单位享有平等待遇，而又确保公共服务的质量和安全性。

一　公共服务主体身份平等制度

公共服务供给主体是国有还是私营、是企业还是事业，只要其具备提供相应公共服务的资质和专业技术能力，就具备了基本的准入资格，然后应该在服务质量、服务效率、服务成本和价格上公平竞争，优胜劣汰。公共服务需求主体只要是公民在某项公共服务上满足相关公共服务的需求条件就具备享受某项公共服务的基本资格，不应受到是体制内还是体制外、是农村户籍还是城市户籍等身份限制。

（一）破除国有与私营、企业与事业、城市与农村等身份限制

只因城乡二元户籍制度下的农业户口还是城市户口、单位制下的正式工还是临时工、产权制度下的公有企业还是私营企业等身份的不同，将面临完全不一样的命运。尽管这种身份制度对个人或企业的命运的影响力在逐步减弱，但其制约力量仍不可低估。公民户口性质的差别至今还导致在教育、就业、社会保障等方面的待遇的不同。目前在重庆，尽管失业保险缴费额度相同，但因为农业户口与城市户口的差别，不同户口性质的人在失业后所领取的失业保险金有较大差距。就业双轨制阻碍人力资源的合理配置和农民工市民化进程。在城市化和市场化的进程中，我国很多国有企业、事业和党政机关单位中，多使用编制来管理职工。编内人员形成事实上的"铁饭碗"，即使编内职工不能或不愿承担现有工作，也无解职和降薪之忧。其不能或不愿承担的工作就聘用编外员工，而为了降低成本，拒不给予编外员工同等的待遇和福利，形成就业和收入分配的"双轨制"。其根本原因是计划经济遗留下来的用人体制在国有企业、事业和党政机关单位没有被彻底打破。

在很多单位，"编外员工"大量存在，"编外员工"在政治、经济上的待遇都属于单位里的"二等公民"，即使一些"编外员工"比"正式员工"干得更好，也享受不到正式员工的相同待遇，这种体制背离了"同工同酬""多劳多得"的用工法则，这种客观上的身份歧视，既严重违背公平公正的现代理念，影响员工们的工作积极性以及编外员工的归宿感、

安全感、认同感和忠诚感，又加剧了收入分配的差距，尤其对自身发展条件严重受限、知识层次较低的农民工的发展极为不利。公有还是私有的企业或投资人性质的差异，导致其在融资环境、产品定价、政策支持等方面难以获得平等的待遇和公平竞争的机会，导致私人资本对公共服务的投资积极性降低、私营经济的发展环境受限，在一定程度上制约着就业岗位的稳定或增加，影响农民工的稳定就业。

因此，必须进一步加大改革力度，打破就业用工、选人用人、收入分配、公共服务、社会保障等领域的身份限制，彻底废除身份作为确定人们或企业地位高低、权力大小、义务多少的根本标准，继续推进"身份社会"向"契约社会"的转变，用契约作为设定人们权利义务的手段，以等价有偿为根本原则，在契约的基础上实现主体权利平等、权利义务对等。

采用"老人老办法、新人新办法"和自然减员等方式探索取消事业单位编制管理模式，逐步实行全员合同聘任制。首先逐步取消高校和公立医院事业单位编制，实行全员合同聘任制。在探索一定经验的基础上，逐步取消中小学义务教育、公共文化、基层卫生等事业单位的事业编制，最后直至取消党政部门的行政编制，逐步缩小行政编制事业编制、编外编内人员、国有民办的待遇差别，解决编外人员面临的多种问题，彻底破除身份制，保障劳动者的平等权利和公平竞争。

（二）破除垄断建立公共服务公平竞争制度

建立平等的公共财政投入制度。对传统公共服务项目，包括教育、医疗卫生等，是公办学校、医院，还是民办学校、医院，在享受政府日常运营补助等方面要逐步实现一视同仁，要通过减少基本公共服务供给侧投入，增加基本公共服务需求侧投入，逐步转变对这些传统公共服务公办机构直接补助、直接拨款的方式，为公办机构与民办机构之间公平竞争创造更加平等的条件。

建立 PPP 模式和政府购买模式公开公平择优招标的制度。对公用事业和重要公共基础设施领域实行特许经营等方式，通常对重大事项、重要民生项目和重要紧急事项由财政部门委托第三方公开招标；对一般性资源稀缺型公共服务事项，可以直接委托、承包或购买；其他一般公共服务事项均在公平竞争后择优委托、承包或购买。如教育、文化、体育、宣传培训、行业考核、行业领域的学术和科技成果评审、课题研究、决策论证等可以采用委托方式授权于社会组织来完成；住房保障、公共交通、材料整理和会务服务等可以采用承包方式授权于社会组织完成；养老助残、法律援助、社区矫正、社工服务等可以采用购买方式。这就要求建立在 PPP 模式和政府购买模式下，公开公平择优招标的制度。

建立以公共服务对象（受众）为主的甄选考核评价制度，确保服务机构对政府的相对独立性。在公共服务机构公开招标、定期考核评估和日常监督中，考核评估主体要以公共服务受众为主，公共服务机构才能相对独立于政府，找准自己的位置，专心走专业化服务路线，提高服务质量。

（三）建立公共服务主体同等的税费、监管制度

建立公平的税收调节制度。为保证营利的企业和非营利的社会组织能平等地提供公共服务，从而提高公共服务供给能力，应建立公平的税收调节制度。公共服务生产供给主体的选择确定不应该以其是否营利作为身份限制，即使是营利性的企业，也可以同等地参与公共服务竞争，只要其在具体的公共服务项目的生产供给中质量更好、价格更优，或者与非营利组织是同等的利润率，政府就应该按照与非营利组织同等的标准收取相关税费。同理，在前述网络专车与传统出租车的不公平竞争中，应该取消传统出租汽车高额的"出租车专营权"有偿使用费，实现网络专车与传统出租车在税收、管理等方面的同等待遇，建立网络专车与传统出租车公平竞争的成本基础，确保公平竞争。传统出租车高额的"份子钱"除了运营管理费、税收等外，主要成本还包含营运权使用费和垄断利润。出租车管理公司在取得出租车专营权后对出租车行业形成的事实上的垄断又产生了高额的垄断利润，从而，运营管理费、税收、营运权使用费和垄断利润等就催生了高额的"份子钱"。因此，出租汽车行业改革要求破除市场垄断，逐步放开出租车行业市场准入、总量和价格的行政管控，同时逐步取消营运权使用费，从而破除行业垄断和垄断利润，并按统一标准收取网络专车的相关运营税费等。所以，应加强网络专车的税费征收监管、安全检查和风险防范，而不是简单取消网络专车的服务准入。

二 公共服务资格认证管理制度

医疗卫生等专业技术性强、人身安全风险程度高的公共服务机构的登

记审批、资质认定以及专业技术性强、人身安全风险程度高的公共服务行业的从业人员、专业技术人员的资格认证、注册管理等是保障公共服务质量和安全的重要保证。但还有部分一般生活生产性的公共服务行业的专业技术性及其对人身伤害的风险程度不高，服务机构及其从业人员的准入应该合理科学、降低人为准入障碍。

（一）分类别建立公共服务准入标准

医疗卫生、基础教育、公共交通等专业技术性强、人身安全风险程度高的公共服务机构及其从业人员的准入标准已运行多年。甚至有些项目的准入标准过高，造成对准入的一种人为障碍，影响公共服务的公平竞争和公共服务资源的充分利用。公共服务准入标准的制定要以其对人身和财产安全的损害的风险程度为基本依据。

基础教育机构准入标准。从校舍建设、设施设备、运行机制、管理制度和安全保障、学科专业和课程体系、师资队伍质量等方面制定基础教育服务机构准入标准，只要达到准入标准，无论是公办还是民办学校都应允许其从事基础教育服务。如果是达不到准入标准，在该地区有服务需求的情况下，政府可以适当给予财政补助，以保障公共服务供给水平和竞争压力。具体包括教育服务机构的活动设施、玩教具、图书资料配备、教学、生活、实验、文体设施、校外活动、劳动和实训场所建设以及仪器设备、图书资料等配备标准，校（园）长、教师的资格、考核等标准，学校运行、管理和安全保障、正常运行的投入、使用、管理、考核标准，学校、教学、生活、资源等标准。

劳动就业服务机构准入标准，应就劳动就业服务机构的场地、设施设备、信息系统，以及职业指导能力、就业援助能力、开业指导、社会人员人事劳动档案管理制度、就业登记与失业登记管理制度及其运行机制等方面制定准入标准。

社区服务机构准入标准，应就社区服务机构优抚安置、社会救助、慈善与志愿服务、康复矫正、养老服务、青少年托管、社区文化服务、社区教育等方面的设施设备、从业人员队伍、从业人员专业技术能力等方面制定准入标准。

公共医疗卫生准入标准，应就公共医疗卫生服务机构的环境卫生、放射卫生防护、学校卫生、传染病、消毒卫生、临床检验、卫生检疫、血液管理、医疗服务和医疗机构管理、卫生信息、职业病防治、产品伤害监测、病媒生物控制、寄生虫病、地方病、营养科学、精神卫生、口腔卫生、其他疾病预防控制和中医药等方面的专业技术能力或水平制定准入标准。

公共基础设施建设、管理与服务机构的准入标准，应以公共基础设施建设服务机构开展城市和小城镇给排水、污水处理（包括污水污泥处理处置、污水再生利用等）、节水、燃气、城镇供热、市容和环境卫生、风景园林、城镇市政信息技术应用及服务等方面的专业技术能力或水平为依据制定准入标准。

公共文化体育服务机构准入标准，应就公共文化体育服务机构技术、质量、服务设施、服务信息、专业人才等方面制定准入标准，尤其要加强高危险性体育项目经营活动、公共体育服务、全民健身场所、国民体质监测等方面的专业技术能力的准入标准的制修订。

公共交通服务机构准入标准，应就公共交通服务机构开展铁路客运服务、城市客运服务、道路交通客运服务、水路客运服务、民航客运服务、公共邮政服务等方面的准入标准的制修订。

公共安全服务机构准入标准，应就公共安全服务机构开展治安、刑侦、消防、安全防范、交通安全管理、出入境管理、监所管理、信息安全管理、应急通信、应急处置、产品安全信息管理、产品伤害监测、重点产品风险评估和预警等专业技术能力和水平制定公共服务机构准入标准。

所有必要的公共服务准入标准应该尽可能制度化、公开化，完善准入清单和负面清单，从而减少公共服务机构和专业技术人员的准入障碍。

（二）建全"证照合一"并联审批制度

"证照合一"是指申请人一次性提交办理营业执照以及相关许可证的申请材料（其中，相同材料无须重复提交），审批机关根据申请人提交的材料，进行必要的经营资格审查，对符合条件的申请人，发放同时包含营业执照及许可证件全部信息在内的"一份"行政许可证书，申请人凭该许可证书即可开展经营活动。据了解，目前仅有深圳、浙江部分地区在进行对从事餐饮及食品流通的个体工商户实行"证照合一"模式的探索，其优势在于上述地区已将工商、食药监、质监等部门整合并成立"市场监督管理局"，集核发营业执照、食品流通许可证和餐饮服务许可证的职能于一身，因此得以探索将上述证照合而为一的登记模式。

所谓并联审批是指对涉及两个以上部门共同审批办理的事项，实行由一个中心（部门或窗口）协调、组织各责任部门同步审批办理的行政审批模式，做到"一窗受理、并联审批、统一收费、限时办结"。目前，上海、广州、成都等多个城市在行政审批服务中心推行并联审批制度。重庆也在2010年开始，由江北区首先推行并联审批制度。其核心是：实施一窗统一受理、统一发照的企业登记审批方式，各并联审批实施部门按照审批预告、一窗受理、内部运转、并行审批、限时办结、监控测评的工作流程，对不涉及前置许可的新设立企业，由工商部门承担窗口职责，统一受理申请材料，并由工商、公安、国税、地税、质监等五部门同时开展审批，区监察局实时监控审批。申请人可在两个工作日后，在工商窗口一并领取营业执照、组织机构代码证、税务登记证以及有关涉税事宜的《报到通知书》，实现设立登记证照办理"一站式"服务，办理时限从法定的70个工作日缩短到两个工作日。

将证照合一与并联审批的思路结合打造并联审批的"升级版"，建立"证照合一"并联审批制度。早在2010年，重庆就在彭水县试行个体工商户营业执照与食品流通许可"证照合一"登记模式。不过该模式只做到将办理营业执照与食品流通许可的登记资料"合二为一"，即剔除需要重复提交的资料，通过"提前核查、上门办理、一表申请、合并受理、同步审查、一次核发"的审批方式，对申请从事食品流通的个体工商户申请人同时发放营业执照和食品流通许可证，并未实现真正意义上的"证照合一"。虽然在一定程度上减少了申请人提交材料、往返跑路的麻烦，但随着食品流通领域监管职能从工商剥离，该模式最终未得到延伸和推广。2013年，两江新区工商分局正式挂牌成立，随后按照"大部制改革"的总体规划，开始试点将质监、食药监与工商进行整合，成立了"两江新区市场监管局"，这为开展"证照合一"并联审批模式的探索提供了环境基础。

基于重庆两江新区市场监管局已经设立，以及前期在彭水县对从事食品流通的个体工商户营业执照和食品流通许可证合并办理的试点经验，在现行并联审批的模式上，可试点探索对从事公共服务行业的执业申请推行"证照合一"并联审批模式。建议对申请从事公共服务行业的市场主体或社会组织，实行"一表申请、一门受理、一次审核、一证发放、信息互认、档案共享"的"证照合一"受理模式，即将原有的各种申请表上的内容整合到营业执照申请书上，向申请人统一发放公共服务相关行业《市场主体或社会组织登记申请表》及相关登记指南；申请材料剔除需重复提交的，由一个窗口受理登记，并将信息录入综合登记平台；各审核单位通过平台调取登记信息，一次性对申请人的实际经营能力、资质等进行审核；通过法定审查后，在5个工作日内对符合条件的申请人核发营业执照，营业执照上同时标注营业执照注册号、相关许可编号；市场主体或社会组织登记档案实行合并存档、一户一档、统一管理、数据共享。

自工商登记制度改革以来，"网上登记""电子营业执照"等电子政务的推广和使用已成为改革的必然趋势。可在全面推广普及"网上登记"和"电子营业执照"等电子政务登记手段时，在原有并联审批的基础上，借鉴深圳模式，推行"电子公共服务数字证书"，即将"电子营业执照""组织机构代码证电子副本""税务登记证电子副本"等信息写入市场主体或社会组织的"电子公共服务数字证书"上，市场主体或社会组织只需领一个电子公共服务数字证书，就包含了"电子营业执照""组织机构代码证电子副本""税务登记证电子副本"等多项功能。市场主体或社会组织可以将该"电子公共服务证书"应用于营业执照网上登记和网上年报、组织机构代码网上办理、网上报税等电子政务网上。

一是科学简化办事流程。通过"证照合一"并联审批，申请人只需在一个窗口提交申请材料，便可领取包含营业执照、许可证等全部信息在内的营业执照以及包含组织机构代码证电子副本、税务登记证电子副本信息的"电子公共服务证书"，不再需要到多个审批部门办理相关手续，合理简化了办事流程。二是可有效缩短审批时间。实施"证照合一"并联审批前，申请人办理营业执照、许可证、刻制公章、组织机构代码证、税务登记证等一系列手续，一般需要2周左右的时间，最长的可达70个工作日。启动"证照合一"并联审批后，申请人仅需5个工作日便可领取到上述证照，可极大地节省办事时间。三是可明显提升服务效率。申请人办理相关证照需要往返多个部门，时间长、环节多、手续繁，服务对象意见反映强烈，投诉较为集中。启动"证照合一"并联审批不仅可减少服务对象的办事成本，也可极大地提升行政效率和部门形象，提升服务满意度。四是可减少企业违规行为。在办理企业注册登记过程中，长期存在部分申请人"有照无证"或"有证无照"，以及不按规定办理税务登记、私刻印章等违规违法行为，导致市场主体或社会组织无证（无照）的情况较为普遍，税源流失和扰乱市场竞争秩序的违规行为屡见不鲜。启动"证照合一"并联审批可以很大程度从源头上杜绝部分市场主体不办理营业执照、许可证证件、税务登记和私刻印章的行为。

（三）完善公共服务项目招投标制度

鼓励逐步将现有的直接拨款、定向委托等方式转变为公开招标、邀请招标和竞争性谈判等方式，扩大公开招标的实施领域和范围。重新梳理所有尚未采取招标和竞争性谈判方式的公共服务项目，确定采用竞争性方式选择的项目目录，并根据情况变化定期进行评估和调整。对于适合政府购买模式和PPP模式的公共服务项目，尽可能采用公平竞争的方式委托给相应的公共服务机构。而公开招投标是实现公平竞争的主要方式。要根据交易频率、潜在交易对手数量和资产专用性程度等交易因素以及人为因素等，因地制宜地选择公开招标、邀请招标和竞争性谈判等方式，即使在暂时没有竞争主体或竞争不充分的领域暂时实行招标以外的方式，也应逐步发展更多的生产主体，促进竞争，制作科学合理的标书，根据《招标投标法实施条例》分两阶段招标等方式进行选择。对适合招投标方式采购的公共服务项目由政府规划，统一招标。承接主体不局限于社会组织，允许企业参与到公共服务生产的竞争中来，甚至考虑允许成立投标联合体，还可以采用将一部分业务留在政府系统内部（采用半行政模式等），以作为对照和应急之策，也可以采用将中标单位设为两家，防止垄断、促进竞争。对一些长期服务项目采取首轮招标、根据效果续签或延长招标周期的办法保证服务的供给，对服务绩效定期进行评估，对于一定期限连续不达标的，将由政府组织重新招标。

完善公共服务项目招投标部门协作机制。财政部门强化预算管理、保障资金供给、加强绩效评估工作，主管部门组织实施项目规划、项目调研、成本测算、标准制定、监督考察等具体购买活动和服务项目执行的监督管理。审计部门和纪律监察部门审计监督、权利救济。购买专业的第三方评估监督机构配合相关部门承担专业性的业务监督和业务检查。

建立统一的各职能部门政府购买公共服务的网络信息平台，发布招投标信息，促进信息的对接、交流和资源的共享，接受社会和服务对象的监督投诉，建立共享的信用档案信息系统。完善信息公开制度、信用评定制度、监督制度、评估制度、争议处理制度、责任追究制度、退出制度、社会组织登记和扶持制度、相关招投标人才的培育制度以及行政审批制度等。

根据公共服务项目的类别特性分类完善招标周期的设定、招标文件的制作、招标公告的发布、参与竞标主体数量和资质要求、评标委员会的产生办法、回避要求、工作纪律、定标的方式与标准、评标结果公示、质疑及其反馈方式等招投标程序。建立有代表性的、专业性的、科学的、独立的第三方评审机构,采用科学的评审方法,遵循严格的评审要求,对公共服务项目的价格、技术、财务状况、信誉、业绩、服务等因素综合评定。鼓励承接主体自我约束,同时也建立一定的惩罚机制,防止道德风险,强化竞争,促进优胜劣汰。

三　健全公共服务合同及合同监管制度

政府主管部门与承接各领域公共服务项目的服务机构之间、公共服务对象与各公共服务机构之间的权利义务关系亟待更加规范、更加可操作、更加可量化的公共服务合同的约束规范。

(一)　分类别制定公共服务合同样本

随着公共服务市场交易便捷性和高效性要求的提高,格式合同和格式条款的应用越来越广泛。尤其是对公共服务项目交易中的机会主义行为、有限理性等人为因素的防范,各主管部门要邀请相关领域的专家和具有丰富实践经验的实际工作者研究制定各类公共服务项目招标采购、PPP 合作以及消费者个体在公共服务生产供给机构消费等公共服务合同样本,供各实际操作部门参考采用。以公共服务生产供给合同为基础,完善服务承包商的遴选机制、签约流程、协商谈判机制、风险控制机制和合同的日常管理制度。

(二)　公共服务绩效评价及奖励惩罚制度

以公共服务对象满意度为根本标准,建立民主的服务绩效考评体制。首先,根据公共服务的最低标准,制定公共服务绩效评价指标。其次,规范和再造公共服务流程,建立"全员、全程、公平、即时"的公共服务绩效考核机制,以"公民导向、过程控制、即时纠错、持续改进"来确保民众得到最满意服务。再次,建立公民对政府工作人员实施有效监督的机制。需要建立一套行之有效的公众对公共服务机构、公众对政府主管部门、公共服务机构对政府主管部门的监督投诉机制。如设立投诉中心、举报电话、举报信息系统、群众绩效评价信息系统、第三方评估机制等多种制度，解决信息反馈不及时、处置滞后等问题。最后，建立公共服务绩效问责制，对财政资金的使用要进行切实的绩效考核；对于达不到绩效评价标准的公共服务机构，给予降低服务价格等经济惩罚；对于连续达不到绩效标准的公共服务机构，取消其公共服务生产供给资格；对于绩效优良的公共服务机构可以给予一定的奖励，给予更多的服务项目承接任务，鼓励优胜劣汰。对于公共服务机构达不到绩效考核标准，而相关政府部门又懒政、怠政、不正常履行其监督监管职责，或者出现工作差错、工作失职者，要通过建立政府问责制，追究政府相关部门及其领导和直接责任人的责任，给予其应有的处罚。

（三）公共服务合同监管及退出制度

建立科学合理的公共服务合同监管制度，要求政府部门或行政权力逐步退出公共服务的生产供给，由原来公共服务的直接生产者转变为公共服务的规划者、安排者、组织者和监督者，将公共服务的生产职能转移给社会组织、企业和公众，从而实现公共服务各项职能的专业化和分化，增强政府及其主管部门和公共服务对象对公共服务生产者、公共服务对象和公共服务生产者对政府及其主管部门监督管理的独立性、自主性和有效性。

公共服务合同监管制度创新要求从监管任务、监管目标、监管主体、监管权限与责任、监管对象、监管范围、监管内容、监管时间、监管方式、监管程序、监管结果、惩处措施、纠纷解决途径以及监管的关联制度等方面设计科学合理的监管法律规范。公共服务合同监管需要既熟悉法律又精通本业务的监管人才或曰合同管理人。公共服务合同监管还要有资金、设施设备的支持，离不开一定的评价标准和技术检查标准。构建多元一体的监管主体体系，包括财政预决算、行政监察、审计核算、民政、工商等职能部门的行政监督和同行竞争者、消费者、新闻媒体和社会公众的社会监督，及时公开回应公民的建议、申诉、控告和检举，强化协同监管，充分发挥委托监督、同行竞争者监督、专家协助监督、社会公众、公民代表的监督优势，以期更客观、公正和及时地完成对服务质量等技术检查或鉴定的协助监管任务，创建以"发包人监督和消费者监督"为常态的协同监督机制。创新绩效评价机制、利益协调机制、信息公开与交互机制、激励与惩罚机制和争议解决机制。构建公共服务发包人、承包商竞争者、消费者、专家和社会媒体多元一体的监管体系。

对公共服务项目绩效考核不达标者，要给予经济、信用记录的惩戒，如果存在一定期限连续不达标者，要建立严格的退出机制，重新招标，并对不达标者建立不良信用记录，在未来的公共服务招标或委托中视情节轻重扣减量化分值。

（四）亟待健全医疗保险资金监管制度

新农合（或城乡合作医疗保险）亟须强化常态监督，尽快制定新农合（或城乡合作医疗保险）资金监管、巡查、抽查等制度，每年提出联合监督检查的方案，堵住医疗机构及其与患者合伙骗取、套取医疗保险资金等资金流失漏洞。制定新农合（或城乡合作医疗保险）以及城镇职工医疗保险等定点医疗机构和基金监管及责任追究办法，实行黑名单管理制度。加大对定点医疗机构的监督检查力度和频率，对严重违反新农合（或城乡合作医疗保险）以及城镇职工医疗保险等相关政策和医疗常规套取新农合（或城乡合作医疗保险）以及城镇职工医疗保险等资金的，视情节轻重给予暂停报销业务直至取消其定点医疗机构资格，纳入黑名单，不能再申请为新农合（或城乡合作医疗保险）以及城镇职工医疗保险等定点医疗机构。对定点医疗机构负责人或主要责任人给予相应处罚，涉嫌犯罪的，及时移送司法机关追究法律责任。建立公共服务各行业领域的诚信信息库，对药品、器械等各种公共服务产品不按要求配送或配送数量严重不足或存在行贿行为的经销商列入诚信黑名单，取消其一定时期内对医疗机构药品和医疗器材的供货资格。

同时，建立健全内部监督制度，对工程建设、药品、设备、器械采购等方面的重大决策和大额资金使用，严格实行领导班子集体讨论决定制度，防止"一言堂"。对容易滋生商业贿赂的重点部门和重点岗位人员，要定期交流轮岗，防止权力过分集中、干部长期握权，有效切断供求关系背后的利益链条。应尽快制定新农合（或城乡合作医疗保险）以及城镇职工医疗保险等资金监管、巡查、抽查、审计等制度，纪检监察、财政、审计每年对新农合（或城乡合作医疗保险）以及城镇职工医疗保险等资金开展联合监督检查。① 各级公立医院和私立医院都应建立完善的药品供应销售全链条追溯机制，推进医院药品库存信息、供应商信息和销售信息系统对接，建立临床医生处方分析信息系统，严格监管临床用药行为，遏制"以药腐医"以及骗取、套取医疗保险资金，为完善医疗服务监管机制、评价机制和工作考核等提供坚实的信息基础。

第四节 健全公共服务信息资源共享制度

公共服务的协同供给要求提高公共服务信息化水平，积极构建全国数字化公共服务资源库、需求库和公共服务信息平台，加强基础教育、劳动就业、社会保险、社区服务、医疗卫生、保障性住房、公共交通、文化体育等信息系统建设，促进信息资源整合共享，为公共服务模式和服务业态创新提供条件。

一 进一步完善全国公民身份信息系统服务功能

全国公民身份信息系统加载了全国 13 亿多人口的基本信息，但其功能十分有限，现在只具备公民身份信息认证和人口数据统计两项功能。

公民身份信息认证服务功能较为单一。公民个人在进行社会和经济活动（例如到电信、银行办理相关业务）时，向有关机构主动提交身份证件，有关机构工作人员（称为"认证人"或"用户"）将公民（称为"被认证人"）主动提交的姓名、身份号码等信息通过电信运营商的网络通道传送至公安部"全国公民身份信息数据库"进行比对，得到"一致"或"不一致"的比对结果。公民身份信息系统缺乏居住地变更实时记载等相关信息功能。

人口数据统计功能运用不充分。公民身份信息系统可以对全国人口进行统计，提供的人口数据完整、准确、鲜活。人口数据统计服务的统计对象是全国户籍人口，统计范围可以是全国、省（自治区、直辖市）、地区（州、盟）、市、县（自治县、旗、自治旗、特区和林区）、市辖区。统计的信息项包括户籍人口的性别、年龄、民族、文化程度、婚姻状况、出生

---

① 郝迎灿：《新农合资金这样遭蚕食（民生调查）》，《人民日报》2015 年 8 月 17 日。

地、籍贯、姓名等。理论上，系统可以在任一时点提取统计数据，包括全国（某地区）姓氏（名字、姓名）排名人口数，全国（某地区）某姓氏（名字、姓名）分性别人口数，全国（某地区）分年龄、婚姻状况的人口数，全国（某地区）分年龄、受教育程度的人口数，全国（某地区）分民族、性别的人口数，全国（某地区）分年龄、性别的人口数，全国（某地区）分性别人口数等。但全国公民身份信息系统的人口数据统计功能使用受到一定的限制，人口数据统计是有偿服务，且程序较复杂，要求统计产品多于 3 个表格（含 3 个表格），需将统计产品协议书签名盖章后邮寄到中心，获取信息的便捷度不高，时限较长（见图 5-2）。

因此，亟须加大公民身份信息系统拓展教育、医疗卫生、健康状况、社会保障、住房收入财产状况等基本公共服务信息功能或者与相关信息系统的整合协同联动功能，增加公民居住地变更实时记载功能，为公共服务提供更加完备的人口信息。同时，公民身份信息系统本身是国家公共产品，应该打破部门利益局限，变有偿服务为无偿服务，精简不必要的服务流程，提供高效便捷的人口信息服务。

二　建立全国统一的个人收入、财产和消费信息共享系统

《中共中央关于全面深化改革若干重大问题的决定》提出"建立个人收入和财产信息系统"[①]。建立个人收入和财产信息系统可以保护合法收入，调节过高收入，清理规范隐性收入，取缔非法收入，增加低收入者收入，扩大中等收入者比重，努力缩小城乡、区域、行业收入分配差距，逐步形成橄榄型分配格局；可以解决传统手段解决不了的问题，包括打击腐败收入、取缔非法收入、骗取社会最低生活保障，还可以避免社会最低生活保障、住房保障、医疗救助等申请审核公示伤害低收入、无收入困难群体人格尊严的行为发生。

全国统一的个人收入、财产和消费信息共享系统要全面采集个人的收入、存款、有价证券、不动产、社会保障、公积金、纳税数额、车辆等贵重物品消费等信息。为保障个人信息和隐私安全，除依法公开的个人信息外，未经信息主体本人同意，全国统一的个人收入、财产和消费信息共享系统未经相关机构或本人同意不得随意公开或供他人查询使用；公共服务

---

① 《中共中央关于全面深化改革若干重大问题的决定》，人民出版社 2013 年版，第 46 页。

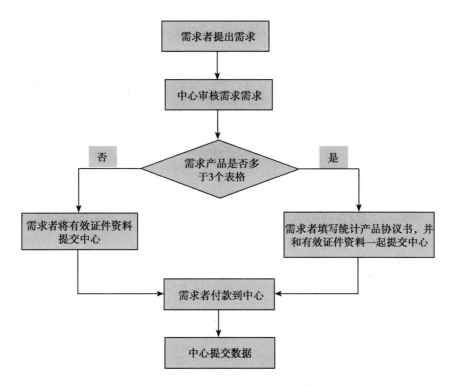

图 5-2 全国公民身份信息系统人口数据统计服务流程

图片来源：全国公民身份证号码查询服务中心网站，http：／／www.nciic.com.cn／
framework／gongzuo／kigipopoebbhbbnoicgoojplgfgingdd.jsp。

主管部门可以依法查询全国统一的个人收入、财产和消费信息共享系统以
审核确定信息主体享受相关公共服务项目的主体资格；他人查询全国统一
的个人收入、财产和消费信息共享系统个人信息的，应当取得信息主体本
人的书面同意并约定用途，全国统一的个人收入、财产和消费信息共享系
统不得违反规定提供个人信息查询。

大数据时代为整合金融、商业贸易、不动产、税收、社会保障等信息
系统的信息资源并加以开发利用提供了良好的信息技术条件。建立全国统
一的个人收入、财产和消费信息共享系统组织机构，利用大数据整合开发
信息资源，供公共服务主体资格审核确认时使用。

三 分层级分地区建立专门的公共服务项目招投标信息系统

分层级分地区建立专门的公共服务项目招投标信息系统，加强公共服

务项目建设招投标信息公开，为公共服务生产供给主体进入公共服务项目生产建设领域提供信息窗口，为公共服务项目招标单位和投标人提供更方便的信息服务平台，有利于积极推行合理低价中标，进一步营造公平、公开、公正的市场竞争环境，提升公共服务效率、质量和群众满意度，还可以加强对公共服务建设项目招投标的监管。公共服务招标信息要求公开发布、公开招标率，加强中标单位履约考核，从严查处招投标中违法违规行为，切实保证公共服务市场招投标的良好秩序，促进公共服务招投标管理的法治化和规范化。

公共服务项目招投标信息系统要从政策法规、招投标信息、用户管理、公共信息管理、项目管理、社会公众监督投诉、招投标公司管理、数据库管理、在线招投标、评标管理等方面为公共服务项目招投标及社会公众搭建全面系统、功能齐备的信息服务平台，方便用户在线查看招投标信息、重要通知、国家及省部级政策法规和规章，通过查看竞标项目，竞标的公共服务生产供给机构可以实现在线竞标活动，评审专家对申请竞标的公司进行在线评审。经过公开的开标、评标和定标，最终将竞标结果公布在互联网上。

四 分行业建立全国统一的公共服务资金转移结算信息系统

随着我国城市化进程和社会转型的不断加快，人口流动和迁移变得越来越频繁，人员异地安置、异地工作、异地养老、异地学习等现象大量出现，在居住地和户籍地异地享受就医、入学、养老、就业、住房等公共服务保障成为公共服务统筹面临的突出问题。这就对分基础教育、医疗保险、养老保险、住房保障等行业系统建立全国统一的公共服务资金转移结算信息系统提出了强烈要求。

各地区基础教育、医疗保险、养老保险、住房保障等行业系统的主管部门和服务机构把异地消费的公共服务对象的身份信息、消费明细等信息进行数据转换和异地传输，经过相关公共服务结算中心的转发、存储，到达各个地区的公共服务结算平台，最终达到流动人口公共服务异地消费的及时结算。公共服务异地消费结算可以采用电子资金划拨方式结算，也可以采用符合公共服务项目特性的公共服务结算单位的指标结算，从而实现公共服务资金的横向转移支付、个人转移支付，建构起公共服务资金运行的网络组织结构，以弥补惯用的单一的纵向垂直的科层组织结构之不足。

五　建立公共服务项目绩效评价、监督、诚信信息系统

各地区分行业系统建立公共服务项目数据库，以公共服务项目数据库为基础，建立公共服务项目绩效评价、公共服务项目监督信息系统，供公共服务对象、公共服务项目主管部门、公共服务项目生产供给竞争单位、第三方专业评估单位和评估专家、新闻媒体和社会公众对相关公共服务项目的决策、执行过程和效果进行评价和投诉举报，评价结果将进行量化计分，作为公共服务生产供给主体续约续标、获取服务报酬、核算服务单价、不良信用记录的依据；也是公共服务对象反馈需求信息、公共服务生产供给主体改善公共服务流程、提高公共服务质量和效率的依据。

分地区分行业建立公共服务绩效评价、监督信息系统要根据各公共服务项目的特点，从评价监督主体、评价监督对象、评价监督项目、公共服务环节、公共服务流程、公共服务时限、公共服务质量、公共服务态度、公共服务效率、公共服务效果等方面加强信息采集、信息发布和网上业务受理。信息系统要有强大的常用信息库、灵活的输入输出方案、全面的任务提醒、标准的信息上报和完善的查询、统计功能，使工作人员能够及时了解日常工作状况、方便打印各类文书、快速查询、分析相关数据，还应提供灵活的信息导入接口，兼容现有的任何系统，以便组成一套完整、持久的数据平台。系统还应设计双向互动功能，提供网络、短信、微信、语音、传真、邮件等信息交互实现方式，为行业内部人员之间以及行业内部人员与公共服务对象之间、公共服务项目主管部门与公共服务生产供给主体之间的沟通提供快捷、廉价、多样化的信息服务。

建立全国统一的公共服务诚信信息系统。将公共服务生产供给主体，包括公立和民办的各级各类公共服务机构以及参加公共服务的各类社会组织和企业等在公共服务生产供给、合作承包等各个环节的弄虚作假、不遵守合同等不诚信经营行为记录在案，将公共服务资源的供货商包括药品、医疗器械供货商、销售商和公共服务对象等的不诚信行为都分类记录在公共服务诚信信息系统之中，供各公共服务行业主管机构和公共服务的发包人、公共服务供给和需求的资格审核主体等查询使用。

第五节 优化行政区划设置、 减少统筹发展障碍

针对中国行政区划的突出问题，优化中国行政区划的首选路径应该是缩小过大面积的省区、增加省级行政区划数量、增大省级政府的管理幅度、撤销地（市）级管理层级、实现省直接管理县级政府。尤其重要的是在原省域次中心和欠发达地区培育新的省级经济中心可带动周边地区更快发展。缩省增省能通过政府的资源配置、转移支付在欠发达地区培育新的省级经济中心，带动周边地区经济社会的快速发展，可以弥补自然地理环境的不公平，从而促进区域经济社会协调发展。区域、城乡经济社会的协调发展是公共服务实现区域、城乡协同供给的重要基础。

一 增加省级行政区域的主要依据和标准

新的省级行政区域的建立、新的省级行政中心的选取、省级行政区域的划分主要兼顾以下主要因素及标准。一是区域经济中心规模及其区位情况。经济中心经济总量大，辐射能力强，其省域面积可以适当大些。长三角地区的经济总量很大，其总面积也不过 10 万平方千米；珠三角地区的经济总量也很大，其总面积不过 6 万平方千米，有效辐射区域也十分有限，难以辐射到粤西、粤北、粤东等地区。因此，中东部省级行政区域面积以 5 万—10 万平方千米为宜。区位优势和交通地理条件好，行政区域面积可以适当大些。二是自然地理文化环境。行政区划应主要以辖区面积作为行政区域规模的考量指标，参考人口因素，尊重历史文化传统。西部的一些省区，辖区面积虽然很大，但人口很少，产业不发达，经济总量也很少，有些省区即使一分为二，或一分为三，辖区面积仍然会很大。三是区域经济发展现状。除原省域次中心及其相邻区域直辖外，重点针对远离原区域政治经济中心的欠发达地区设立新的省级行政区，通过行政资源的配置，推动新的区域经济增长极发展，带动相邻地区的政治经济社会文化的快速发展。地理条件相似、发展水平相近的行政区域可以提高公共政策制定和执行的针对性、适应性和有效性。四是管理幅度、管理半径和管辖面积。除特殊地理条件外，一个省级行政区的管理半径以 200—300 千米

为宜，管辖面积以 5 万—10 万平方千米为宜。新省会城市的选取，首先应考虑该城市的经济规模和影响力，尽可能选择居于行政区域最中心位置的城市作为省会城市，兼顾管理半径的平衡。

二　省级行政区划与省直管县配套改革思路

基本思路是撤销地级派出机关或地级市，增加新的省级行政区。一是先设立新的省（市、自治区）级政府，再调整行政隶属关系。原省（市、自治区）级政府保持不变，只调整管辖区域。新省（市、自治区）级政府将由地市级或副省级政府升格而成。原省级政府阻力不会很大，而新省级政府及辖区人民将有强大的动力。

二是撤销原省会城市政府，下辖区县由省政府直管。原省会城市政府所辖区县政府保持不变。将原省会城市政府部分领导干部及公务员交流到相邻的新省级政府任职，提高其行政级别和职业发展预期，从而减少行政区划优化的阻力。不能交流出去的领导干部和普通公务员可以保留职务职级按对口原则安排到省政府相对应的部门任职。将被撤销的省会城市政府数量与新设的省级政府数量基本匹配。

三是保留原地级市政府，只管辖中心城区。除了升格为新省级政府之外的地级（或副省级）市政府或派出机关将被保留（但只管辖中心城区），中心城区合并为一个大区（级别不变）直接隶属于省级政府，可暂时保留地级市政府所管辖中心城区各区的政府，待时机成熟时撤销。下辖中心城区以外的县、市由省政府直管。未升格为新省级政府的地级或副省级城市政府因管辖范围变小将存在一定阻力，但阻力不大。

四是缓步撤销地级市中心城区区政府，给予相关公务员优惠待遇减少阻力。未升格为新省级政府的地级或副省级城市政府所辖中心城区的区政府只占中国所有的县市区级政府总量的 17% 左右，将逐步撤销。要给予这些区政府的领导干部和普通公务员相对优惠的级别待遇、经济待遇、提前退休和同等职位安置待遇，坚持自愿选择，以自然减员为主要方式，逐步撤销地级市中的区政府，从而减少行政区划优化的阻力。

五是勇于承担改革成本，加强社会稳定风险防范。省会城市政府、其他地级市政府下辖的中心城区的区政府将被撤销，将是最大利益受损者；其他地级市政府辖区变小，也不会全力支持改革。国家必须给予可能受到不利影响的公务员在职级、工资、退休、安置等方面的优惠待遇，相对于行政区划的优化能长期地促进各个地区经济社会更快协调发展而言，国家承担这些改革成本只是暂时的，是值得的。

三 省级行政区划与省直管县配套改革实施策略

省级行政区划与省直管县配套改革需分批次、讲策略，缓步推进。一是全国统一整体规划，分块（省、市、区）分批推进。需要花费 30—50 年甚至更长时间逐步实施。按照经济社会欠发达程度、管理幅度大小、管辖半径大小以及区划调整涉及的行政单元的复杂程度、各地区对行政区划优化的需求程度等分批推进。

二是建新省与地（市）县脱钩先后推进。首先是确定新的省会城市，以原地级或副省级城市政府为基础，组建新的省级政府，完善新的省级政府建制及其机构设置和职能配置，在新的省级政府能正常运行后，划分各自的管辖区域，再调整原来隶属于地级或副省级城市管辖的县市的隶属关系，改由省级政府直接管辖。

三是保持县（区、市）区划不变，坚持区域整体调整。无论是涉及要调整划转的县（区、市），还是在原省域保持不变的县、区、市，其原有区划都保持不变，在划转过程中坚持整个行政区划整体划转，只是改变其与上级政府的隶属关系，从而减少矛盾和利益变化。

四是缓步撤销地（市）级政府下辖的区政府。待省级政府与各县、市、区政府的关系能正常运行一定时期后，再逐步根据各地级市政府下辖的区政府的大小程度、公务员数量的多寡等逐步撤销区政府或限制区政府的发展，逐步弱化其行政职能待其自然减员到一定程度再行撤销。

四 增省减层优化中国行政区划具备可行条件

中国政府执政合法性日益增强，其利益整合能力、危机治理能力、依法行政能力的逐步提升及其职能的分化以及经济、社会的快速发展都为中国行政区划的优化奠定了良好条件。一是政府能力提升为增省减层提供能力保障。政府能力的提升为政府管理幅度的扩大和行政层级的减少提供重要条件。政府执政合法性增强、政府利益整合能力提升、政府危机治理能力提升、依法治国和依法行政能力提升，为行政区划的优化、为政府管理幅度的适度扩大和行政层级的减少创造了条件，而行政区划的优化将进一步提升政府能力。

二是政府职能分化为增省减层提供组织保障。中央政府管理的省级政府数量和省级政府直接管理的下级政府数量大量增加，可能带来政府的控制力减弱而导致政治不稳定、地方保护主义增强而导致市场被分割阻碍经济的健康发展、各自为政损害国家整体利益等风险。政府职能分化可以减少甚至避免此风险。军队系统、安全机关、工商、税务、海关、审计、质监、国土、环保等法律监管部门和资源环境保护部门采用垂直管理模式，甚至可以跨区域设置机构，能在一定程度上避免因为省域数量的增多可能造成的对资源环境保护、统一大市场和政治稳定的维护力度的削弱。

三是经济社会快速发展为增省减层提供物质保障。增加省（市、区）数量、增加省级行政中心可能导致中央财政资源配置高度分散、各区域增长极辐射带动能力减弱的风险。当前无论是经济总量还是财政保障能力都大幅度提升，即使再增加一些省份或省级行政中心，对目前各地区的财政收入造成某种程度的分散，但各地区的财政保障能力也仍然会大大高于5年前的水平。现代信息技术的快速发展和交通基础设施的快速改善有力地促进了信息传递、人口和物资流动，为行政管理幅度的扩大和行政层级的减少创造了十分有利的条件和机遇。

四是多数公务员及广大群众为增省减层提供动力保障。比较发现，增省减层优化行政区划的动力远远大于阻力。增省减层各相关利益主体中，中央政府、省级政府、新省域内升格为省级政府的地级（或副省级）市政府、县市级政府以及省会城市的区政府及其公务员和辖区人民都具有推动行政区划改革的动力，其他地级市政府（280—290个）及其公务员可能不具备动力但也不会有明显的阻力，只有省会城市政府（26个）、其他地级市政府下辖的中心城区的区政府（400—500个）及其公务员等少数主体具有推动行政区划优化的阻力，但可以采取措施减少甚至化解其阻力。①

---

① 谢来位：《行政区划优化论》，中国社会科学出版社2016年版，第221—222页。

主要参考文献

一 中文著作

白桂梅、龚刃韧、李鸣等编：《国际法上的人权》，北京大学出版社 1996 年版。

戴均良：《中国市制》，中国地图出版社 2000 年版。

《邓小平文选》第 2 卷，人民出版社 1983 年版。

侯景新、浦善新、肖金成编：《行政区划与区域管理》，中国人民大学出版社 2006 年版。

毛程连主编：《西方财政思想史》，经济科学出版社 2003 年版。

王铁崖主编：《国际法》，法律出版社 1995 年版。

《中共中央关于全面深化改革若干重大问题的决定》，人民出版社 2013 年版。

《中共中央关于全面推进依法治国若干重大问题的决定》，人民出版社 2014 年版。

《中共中央关于制定国民经济和社会发展第十三个五年规划的建议》，人民出版社 2015 年版。

二 中文译著

[美] 埃莉诺·奥斯特罗姆：《公共事物的治理之道：集体行动制度的演进》，余逊达、陈旭东译，上海三联书店 2000 年版。

[美] 奥利佛·威廉姆森、斯科特·马斯腾编：《交易成本经济学》，李自杰、蔡铭等译，人民出版社 2008 年版。

[美] 保罗·A. 萨巴蒂尔编：《政策过程理论》，彭宗超等译，生活·读书·新知三联书店 2004 年版。

[美] 保罗·A. 萨缪尔森、威廉·D. 诺德豪斯：《经济学》（上），

高鸿业等译，中国发展出版社 1992 年版。

[美] 戴维·奥斯本、特德·盖布勒：《改革政府：企业精神如何改革着公营部门》，上海市政协编译组、东方编译所编译，上海译文出版社 1996 年版。

[美] E. S. 萨瓦斯：《民营化与公私部门的伙伴关系》，周志忍等译，中国人民大学出版社 2002 年版。

[美] 罗纳德·哈里·科斯：《企业、市场与法律》，盛洪、陈郁等译，上海三联书店 1990 年版。

[美] R. 科斯、A. 阿尔钦、D. 诺斯等：《财产权利与制度变迁——产权学派与新制度经济学派译文集》，刘守英等译，上海三联书店、上海人民出版社 1991 年版。

[美] 托马斯·伯根索尔：《国际人权法概论》，潘维煌、顾世荣译，中国社会科学出版社 1995 年版。

[美] 约翰·W. 金登：《议程、备选方案与公共政策》（第二版），丁煌等译，中国人民大学出版社 2004 年版。

[美] 珍妮特·V. 登哈特、罗伯特·B. 登哈特：《新公共服务：服务，而不是掌舵》，丁煌译，中国人民大学出版社 2010 年版。

[德] 哈贝马斯：《公共领域的结构转型》，曹卫东等译，学林出版社 1999 年版。

[德] 黑格尔：《法哲学原理》，范扬、张企泰译，商务印书馆 1961 年版。

[英] 霍布斯：《利维坦》，黎思复等译，商务印书馆 1985 年版。

[英] 简·莱恩：《新公共管理》，赵成根等译，中国青年出版社 2004 年版。

[英] 克里斯托弗·胡德：《国家的艺术：文化、修辞与公共管理》，彭勃等译，上海人民出版社 2004 年版。

[英] 洛克：《政府论》（下篇），叶启芳、瞿菊农译，商务印书馆 1981 年版。

[英] 迈克尔·博兰尼：《自由的逻辑》，冯银江等译，吉林人民出版社 2002 年版。

[英] 休谟：《人性论》（下），关文运译，商务印书馆 1980 年版。

[英] 亚当·斯密：《国民财富的性质和原因的研究》（下卷），郭大

力、王亚南译，商务印书馆 1974 年版。

　　［英］亚当·斯密：《国民财富的性质和原因的研究》，郭大力、王亚南译，商务印书馆 1972 年版。

　　［英］约翰·梅纳德·凯恩斯：《就业、利息和货币通论》，陆梦龙译，商务印书馆 1999 年版。

　　［英］约翰·穆勒：《政治经济学原理》（下卷），胡企林、朱泱译，商务印书馆 1991 年版。

　　［法］莱昂·狄骥：《公法的变迁：法律与国家》，郑戈、冷静译，辽海出版社、春风文艺出版社 1999 年版。

　　《马克思恩格斯选集》第 2 卷，人民出版社 1972 年版。

　　《马克思恩格斯选集》第 4 卷，人民出版社 1972 年版。

三　中文期刊

　　安体富：《完善公共财政政策制度　逐步实现公共服务均等化》，《财经问题研究》2007 年第 7 期。

　　常修泽：《中国现阶段基本公共服务均等化研究》，《中共天津市委党校学报》2007 年第 2 期。

　　陈思宇、刘晶：《论身份与角色二重化中的公民主体性及其重建》，《理论与改革》2015 年第 5 期。

　　迟福林：《公共服务均等化：构建新型中央地方关系》，《廉政瞭望》2006 年第 12 期。

　　崔运武：《论我国城市公用事业公私合作改革的若干问题》，《上海行政学院学报》2015 年第 4 期。

　　丁元竹：《准确理解和把握基本公共服务均等化》，《理论参考》2011 年第 1 期。

　　郭小聪、刘述良：《中国基本公共服务均等化：困境与出路》，《中山大学学报》（社会科学版）2010 年第 5 期。

　　贾康：《关于建立公共财政框架的探讨》，《国家行政学院学报》2005 年第 3 期。

　　姜晓萍：《中国公共服务体制改革 30 年》，《中国行政管理》2008 年第 12 期。

　　李四林、苏成凤、田时中：《省直管县体制改革动力机制探析》，《湖北行政学院学报》2012 年第 4 期。

　　刘尚希：《实现基本公共服务均等化的政策路径和方案选择》，《经济研究参考》2007 年第 60 期。

　　楼继伟：《完善转移支付制度　推进基本公共服务均等化》，《中国财政》2006 年第 3 期。

　　罗朝猛：《我国公立学校教师可否兼职的法理学思考》，《中国教师》2009 年第 1 期。

　　毛寿龙、陈建国：《经济合作与发展组织国家公共服务民营化研究（上）》，《兰州大学学报》（社会科学版）2009 年第 5 期。

　　毛寿龙、陈建国：《经济合作与发展组织国家公共服务民营化研究（下）》，《兰州大学学报》（社会科学版）2009 年第 6 期。

　　唐钧：《"公共服务均等化"保障 6 种基本权利》，《时事报告》2006 年第 6 期。

　　王玮：《我国公共服务均等化的路径选择》，《财贸研究》2009 年第 1 期。

　　王贤彬、聂海峰：《行政区划调整与经济增长》，《管理世界》2010 年第 4 期。

　　巫志刚：《农村被撤并学校产权争议的类型、原因及其法律解决》，《教育发展研究》2012 年第 4 期。

　　项继权：《我国基本公共服务均等化的战略选择》，《社会主义研究》2009 年第 1 期。

　　肖文涛、唐国清：《基本公共服务均等化：共享改革发展成果的关键》，《科学社会主义》2008 年第 5 期。

　　谢来位：《公共服务能力建设要点分析》，《行政与法》2006 年第 2 期。

　　谢来位：《论公务用车管理的组织模式选择——基于网络组织理论的视角》，《吉首大学学报》（社会科学版）2012 年第 6 期。

　　张本照、杨雪：《基于改进 DEA 的我国传统产业技术创新效率研究》，《北京邮电大学学报》（社会科学版）2008 年第 5 期。

　　张康之、向玉琼：《领域分离与融合中的公共服务供给》，《江海学刊》2012 年第 6 期。

　　张燕：《现行社会保险费率较高带来的问题与建议》，《领导视窗》

2015 年第 34 期。

周志忍：《认识市场化改革的新视角》，《中国行政管理》2009 年第 3 期。

四　中文报纸

《德国鼓励幼儿园建在养老院旁边》，《生命时报》2014 年 12 月 4 日。

耿雁冰：《27 省市出大病医保细则 部分筹资水平"不达标"》，《21 世纪经济报道》2013 年 9 月 25 日。

郝迎灿：《新农合资金这样遭蚕食（民生调查）》，《人民日报》2015 年 8 月 17 日。

蒋梦惟：《管理体制僵化等痼疾待解 北京部分公办养老院入住仅 1%》，《北京商报》2016 年 2 月 1 日。

李那：《沈阳 8 个居家养老中心试运营》，《辽沈晚报》2015 年 8 月 5 日。

李志峰：《重庆：未来 3 年完成 10 万人高山移民职业技能培训》，《重庆日报》2013 年 3 月 19 日。

戚莹莹、许明才：《清远 4 民营医院骗医保被严处》，《南方日报》2014 年 2 月 27 日。

宋军：《金融机构参与 PPP 面临的挑战及应对》，《重庆日报》2015 年 12 月 26 日。

宋志华：《发挥专业优势 服务大病保险》，《中国保险报》2013 年 11 月 20 日。

苏亮瑜、罗剑：《中国 PPP 现存问题及对策》，《证券时报》2015 年 5 月 25 日。

苏向杲：《大病保险统筹层次低 区县政府乱收费》，《证券日报》2014 年 6 月 5 日。

孙雷：《十年回首"分税制"》，《21 世纪经济报道》2004 年 11 月 14 日。

王晓慧：《养老保险全国统筹短板：仅七省市实现省级统筹》，《华夏时报》2015 年 4 月 22 日。

徐其勇：《民营医院全员集体造假 骗取医保救助基金 40 余万》，《重庆晚报》2012 年 7 月 5 日。

徐伟:《民营医院骗取医保增收 流水化作业套取医保基金》,《法制日报》2013 年 4 月 22 日。

五 政府资料

《中华人民共和国国务院公报》1997 年第 37 号(总号:889)。

《北京市经济适用住房管理办法(试行)》(京政发〔2007〕27 号),2007 年 9 月 25 日。

《重庆市经济适用住房管理暂行办法》(渝建发〔2007〕223 号),2007 年 11 月 8 日。

《北京市公共租赁住房申请、审核及配租管理办法》,2014 年 9 月 29 日。

《北京市限价商品住房管理办法(试行)》(京政发〔2008〕8 号),2008 年 3 月 26 日。

《中华人民共和国社会保险法(主席令第三十五号)》,2011 年 7 月 1 日。

山东省人力资源和社会保障厅、山东省教育厅:《关于中小学、中等职业学校中兼职从事教育教学管理工作的教师推荐评审职称有关问题的通知》(鲁人社办发〔2013〕51 号)。

《奉节县职业技能培训统筹办公室关于 2014 年政府补贴类职业技能培训项目招标公告》,2014 年 5 月 29 日。

重庆市江津区统计局、国家统计局江津调查队:《2013 年重庆市江津区国民经济和社会发展统计公报》,2014 年 1 月 23 日。

赵树凯:《乡镇政府的公共服务——10 省(区)20 个乡镇调查》,国务院发展研究中心《调查研究报告》[2005 年第 102 号]。

六 电子文献

黄洪:《大病保险存统筹层次偏低等四方面问题》,2015 年 2 月 10 日,证券时报网,http://www.finance.ifeng.com/a/20150210/13494762_0.shtml。

关东客:《取消出租车的"份子钱"只是改革的开始》,2015 年 9 月 15 日,人民网,http://www.opinion.people.com.cn/n/2015/0915/c1003-27587870.html。

郑良：《福建警方提醒：警惕少数民营医院骗取农村医保基金》，2012 年 11 月 7 日，新华网，http://www.news.163.com/12/1107/10/8F-NOC94800014JB5.html。

七　学位论文

李旭斌：《直辖市直管县（区）的行政区划层级设置及其对省县直辖的借鉴意义研究——以重庆市为例》，硕士学位论文，重庆大学，2008 年。

汪旻艳：《现行省级行政区划改革研究》，硕士学位论文，南京师范大学，2007 年。

王欣：《我国城乡社会保障差距的综合评价分析》，硕士学位论文，河北大学，2014 年。

八　英文文献

Charles M. Tiebout, "A Pure Theory of Local Expenditures", *Journal of Political Economy*, Vol. 64, No. 5, October 1956.

James M. Buchanan, "An Economic Theory of Clubs", *Economica*, Vol. 32, No. 125, February 1965.

Musgrave, *The Theory of Public Finance*, New York: McGraw-Hill, 1959.